AF547651

GRöLS
Verlage

„BÜCHER SIND WIE FALLSCHIRME. SIE NÜTZEN UNS NICHTS, WENN WIR SIE NICHT ÖFFNEN.“

Gröls Verlag

Redaktionelle Hinweise und Impressum

Das vorliegende Werk wurde zugunsten der Authentizität sehr zurückhaltend bearbeitet. So wurden etwa ursprüngliche Rechtschreibfehler *nicht* systematisch behoben, denn kleine Unvollkommenheiten machen das Buch – wie im Übrigen den Menschen – erst authentisch. Mitunter wurden jedoch zum Beispiel Absätze behutsam neu getrennt, um den Lesefluss zu erleichtern.

Um die Texte zu rekonstruieren, werden antiquarische Bücher von Lesegeräten gescannt und dann durch eine Software lesbar gemacht. Der so entstandene Text wird von Menschen gegengelesen und korrigiert – hierbei treten auch Fehler auf. Wenn Sie ebenfalls antiquarische Texte einreichen möchten, finden Sie weitere Informationen auf www.groels.de

Viel Freude bei der Lektüre wünscht Ihnen das Team des Gröls-Verlags.

Adressen

Verleger: Sophia Gröls, Im Borngrund 26, 61440 Oberursel

Externer Dienstleister für Distribution & Herstellung: BoD, In de Tarpen 42, 22848 Norderstedt

Unsere „Edition | Werke der Weltliteratur“ hat den Anspruch, eine der größten und vollständigsten Sammlungen klassischer Literatur in deutscher Sprache zu sein. Nach und nach versammeln wir hier nicht nur die „üblichen Verdächtigen“ von Goethe bis Schiller, sondern auch Kleinode der vergangenen Jahrhunderte, die – zu Unrecht – drohen, in Vergessenheit zu geraten. Wir kultivieren und kuratieren damit einen der wertvollsten Bereiche der abendländischen Kultur. Kleine Auswahl:

Francis Bacon • Neues Organon • **Balzac** • Glanz und Elend der Kurtisanen • **Joachim H. Campe** • Robinson der Jüngere • **Dante Alighieri** • Die Göttliche Komödie • **Daniel Defoe** • Robinson Crusoe • **Charles Dickens** • Oliver Twist • **Denis Diderot** • Jacques der Fatalist • **Fjodor Dostojewski** • Schuld und Sühne • **Arthur Conan Doyle** • Der Hund von Baskerville • **Marie von Ebner-Eschenbach** • Das Gemeindekind • **Elisabeth von Österreich** • Das Poetische Tagebuch • **Friedrich Engels** • Die Lage der arbeitenden Klasse • **Ludwig Feuerbach** • Das Wesen des Christentums • **Johann G. Fichte** • Reden an die deutsche Nation • **Fitzgerald** • Zärtlich ist die Nacht • **Flaubert** • Madame Bovary • **Gorch Fock** • Seefahrt ist not! • **Theodor Fontane** • Effi Briest • **Robert Musil** • Über die Dummheit • **Edgar Wallace** • Der Frosch mit der Maske • **Jakob Wassermann** • Der Fall Maurizius • **Oscar Wilde** • Das Bildnis des Dorian Grey • **Émile Zola** • Germinal • **Stefan Zweig** • Schachnovelle • **Hugo von Hofmannsthal** • Der Tor und der Tod • **Anton Tschechow** • Ein Heiratsantrag • **Arthur Schnitzler** • Reigen • **Friedrich Schiller** • Kabale und Liebe • **Nicolo Machiavelli** • Der Fürst • **Gotthold E. Lessing** • Nathan der Weise • **Augustinus** • Die Bekenntnisse des heiligen Augustinus • **Marcus Aurelius** • Selbstbetrachtungen • **Charles Baudelaire** • Die Blumen des Bösen • **Harriett Stowe** • Onkel Toms Hütte • **Walter Benjamin** • Deutsche Menschen • **Hugo Bettauer** • Die Stadt ohne Juden • **Lewis Caroll** • *und viele mehr….*

Gotthold Ephraim Lessing

Emilia Galotti

Inhalt

Personen:

Emilia Galotti
Odoardo *und* **Claudia Galotti**, *Eltern der Emilia*
Hettore Gonzaga, *Prinz von Guastalla*
Marinelli, *Kammerherr des Prinzen*
Camillo Rota, *einer von des Prinzen Räten*
Conti, *Maler*
Graf **Appiani**
Gräfin **Orsina**
Angelo *und einige* **Bediente**

Erster Aufzug

Die Szene: ein Kabinett des Prinzen.

Erster Auftritt

Der Prinz *(an einem Arbeitstische voller Briefschaften und Papiere, deren einige er durchläuft).* Klagen, nichts als Klagen! Bittschriften, nichts als Bittschriften! – Die traurigen Geschäfte; und man beneidet uns noch! – Das glaub ich; wenn wir allen helfen könnten: dann wären wir zu beneiden. – Emilia? *(Indem er noch eine von den Bittschriften aufschlägt und nach dem unterschriebenen Namen sieht.)* Eine Emilia? – Aber eine Emilia Bruneschi – nicht Galotti. Nicht Emilia Galotti! – Was will sie, diese Emilia Bruneschi? *(Er lieset.)* Viel gefodert, sehr viel. – Doch sie heißt Emilia. Gewährt! *(Er unterschreibt und klingelt, worauf ein Kammerdiener hereintritt.)* Es ist wohl noch keiner von den Räten in dem Vorzimmer?

Der Kammerdiener. Nein.

Der Prinz. Ich habe zu früh Tag gemacht. – Der Morgen ist so schön. Ich will ausfahren. Marchese Marinelli soll mich begleiten. Laßt ihn rufen. *(Der Kammerdiener geht ab.)* – Ich kann doch nicht mehr arbeiten. – Ich war so ruhig, bild ich mir ein, so ruhig – Auf einmal muß eine arme Bruneschi Emilia heißen: – weg ist meine Ruhe, und alles! –

Der Kammerdiener *(welcher wieder hereintritt).* Nach dem Marchese ist geschickt. Und hier, ein Brief von der Gräfin Orsina.

Der Prinz. Der Orsina? Legt ihn hin.

Der Kammerdiener. Ihr Läufer wartet.

Der Prinz. Ich will die Antwort senden; wenn es einer bedarf. – Wo ist sie? In der Stadt? oder auf ihrer Villa?

Der Kammerdiener. Sie ist gestern in die Stadt gekommen.

Der Prinz. Desto schlimmer – besser, wollt' ich sagen. So braucht der Läufer um so weniger zu warten. *(Der Kammerdiener geht ab.)* Meine teure Gräfin! *(Bitter, indem er den Brief in die Hand nimmt)* So gut, als gelesen! *(und ihn wieder wegwirft.)* – Nun ja; ich habe sie zu lieben geglaubt! Was glaubt man nicht alles? Kann sein, ich habe sie auch wirklich geliebt. Aber – ich habe!

Der Kammerdiener *(der nochmals hereintritt).* Der Maler Conti will die Gnade haben – –

Der Prinz. Conti? Recht wohl; laßt ihn hereinkommen. – Das wird mir andere Gedanken in den Kopf bringen. *(Steht auf.)*

Zweiter Auftritt

Conti. Der Prinz.

Der Prinz. Guten Morgen, Conti. Wie leben Sie? Was macht die Kunst?

Conti. Prinz, die Kunst geht nach Brot.

Der Prinz. Das muß sie nicht; das soll sie nicht – in meinem kleinen Gebiete gewiß nicht. – Aber der Künstler muß auch arbeiten wollen.

Conti. Arbeiten? Das ist seine Lust. Nur zu viel arbeiten müssen kann ihn um den Namen Künstler bringen.

Der Prinz. Ich meine nicht vieles, sondern viel; ein weniges, aber mit Fleiß. – Sie kommen doch nicht leer, Conti?

Conti. Ich bringe das Porträt, welches Sie mir befohlen haben, gnädiger Herr. Und bringe noch eines, welches Sie mir nicht befohlen: aber weil es gesehen zu werden verdient –

Der Prinz. Jenes ist? – Kann ich mich doch kaum erinnern –

Conti. Die Gräfin Orsina.

Der Prinz. Wahr! – Der Auftrag ist nur ein wenig von lange her.

Conti. Unsere schönen Damen sind nicht alle Tage zum Malen. Die Gräfin hat, seit drei Monaten, gerade *einmal* sich entschließen können zu sitzen.

Der Prinz. Wo sind die Stücke?

Conti. In dem Vorzimmer, ich hole sie.

Dritter Auftritt

Der Prinz. Ihr Bild! – mag! – Ihr Bild, ist sie doch nicht selber. – Und vielleicht find ich in dem Bilde wieder, was ich in der Person nicht mehr erblicke. – Ich will es aber nicht wiederfinden. – Der beschwerliche Maler! Ich glaube gar, sie hat ihn bestochen. – Wär' es auch! Wenn ihr ein anderes Bild, das mit andern Farben, auf einen andern Grund gemalet ist – in meinem Herzen wieder Platz machen will: – Wahrlich, ich glaube, ich wär' es zufrieden. Als ich dort liebte, war ich immer so leicht, so fröhlich, so ausgelassen. – Nun bin ich von allem das Gegenteil. – Doch nein; nein, nein! Behäglicher oder nicht behäglicher: ich bin so besser.

Vierter Auftritt

Der Prinz. Conti mit den Gemälden, wovon er das eine verwandt gegen einen Stuhl lehnet.

Conti *(indem er das andere zurechtstellet).* Ich bitte, Prinz, daß Sie die Schranken unserer Kunst erwägen wollen. Vieles von dem Anzüglichsten der Schönheit liegt ganz außer den Grenzen derselben. – Treten Sie so! –

Der Prinz *(nach einer kurzen Betrachtung).* Vortrefflich, Conti – ganz vortrefflich! – Das gilt Ihrer Kunst, Ihrem Pinsel. – Aber geschmeichelt, Conti; ganz unendlich geschmeichelt!

Conti. Das Original schien dieser Meinung nicht zu sein. Auch ist es in der Tat nicht mehr geschmeichelt, als die Kunst schmeicheln muß. Die Kunst muß malen, wie sich die plastische Natur – wenn es eine gibt – das Bild dachte: ohne den Abfall, welchen der widerstrebende Stoff unvermeidlich macht; ohne den Verderb, mit welchem die Zeit dagegen ankämpfet.

Der Prinz. Der denkende Künstler ist noch eins soviel wert. – Aber das Original, sagen Sie, fand demungeachtet –

Conti. Verzeihen Sie, Prinz. Das Original ist eine Person, die meine Ehrerbietung fodert. Ich habe nichts Nachteiliges von ihr äußern wollen.

Der Prinz. Soviel als Ihnen beliebt! – Und was sagte das Original?

Conti. Ich bin zufrieden, sagte die Gräfin, wenn ich nicht häßlicher aussehe.

Der Prinz. Nicht häßlicher? – O das wahre Original!

Conti. Und mit einer Miene sagte sie das – von der freilich dieses ihr Bild keine Spur, keinen Verdacht zeiget.

Der Prinz. Das meint' ich ja; das ist es eben, worin ich die unendliche Schmeichelei finde. – Oh! ich kenne sie, jene stolze, höhnische Miene, die auch das Gesicht einer Grazie entstellen würde! – Ich leugne nicht, daß ein schöner Mund, der sich ein wenig spöttisch verziehet, nicht selten um so viel schöner ist. Aber, wohl gemerkt, ein wenig: die Verziehung muß nicht bis zur Grimasse gehen, wie bei dieser Gräfin. Und Augen müssen über den wollüstigen Spötter die Aufsicht führen – Augen, wie sie die gute Gräfin nun gerade gar nicht hat. Auch nicht einmal hier im Bilde hat.

Conti. Gnädiger Herr, ich bin äußerst betroffen –

Der Prinz. Und worüber? Alles, was die Kunst aus den großen, hervorragenden, stieren, starren Medusenaugen der Gräfin Gutes machen kann, das haben Sie, Conti, redlich daraus gemacht. – Redlich, sag ich? – Nicht so redlich, wäre redlicher. Denn sagen Sie selbst, Conti, läßt sich aus diesem Bilde wohl der Charakter der Person schließen? Und das sollte doch. Stolz haben Sie in Würde, Hohn in Lächeln, Ansatz zu trübsinniger Schwärmerei in sanfte Schwermut verwandelt.

Conti *(etwas ärgerlich)*. Ah, mein Prinz – wir Maler rechnen darauf, daß das fertige Bild den Liebhaber noch ebenso warm findet, als warm er es bestellte. Wir malen mit Augen der Liebe: und Augen der Liebe müßten uns auch nur beurteilen.

Der Prinz. Je nun, Conti – warum kamen Sie nicht einen Monat früher damit? – Setzen Sie weg. – Was ist das andere Stück?

Conti *(indem er es holt und noch verkehrt in der Hand hält)*. Auch ein weibliches Porträt.

Der Prinz. So möcht' ich es bald – lieber gar nicht sehen. Denn dem Ideal hier *(mit dem Finger auf die Stirne)* – oder vielmehr hier *(mit dem Finger auf das Herz)* kömmt es doch nicht bei. – Ich wünschte, Conti, Ihre Kunst in andern Vorwürfen zu bewundern.

Conti. Eine bewundernswürdigere Kunst gibt es, aber sicherlich keinen bewundernswürdigern Gegenstand als diesen.

Der Prinz. So wett ich, Conti, daß es des Künstlers eigene Gebieterin ist. – *(Indem der Maler das Bild umwendet.)* Was seh ich? Ihr Werk, Conti? oder das Werk meiner Phantasie? – Emilia Galotti!

Conti. Wie, mein Prinz? Sie kennen diesen Engel?

Der Prinz *(indem er sich zu fassen sucht, aber ohne ein Auge von dem Bilde zu verwenden)*. So halb! – um sie eben wiederzukennen. – Es ist einige Wochen her, als ich sie mit ihrer Mutter in einer Vegghia traf. – Nachher ist sie mir nur an heiligen Stätten wieder vorgekommen – wo das Angaffen sich weniger ziemet. – Auch kenn ich ihren Vater. Er ist mein Freund nicht. Er war es, der sich meinen Ansprüchen auf Sabionetta am meisten widersetzte. – Ein alter Degen, stolz und rauh, sonst bieder und gut! –

Conti. Der Vater! Aber hier haben wir seine Tochter.

Der Prinz. Bei Gott! wie aus dem Spiegel gestohlen! *(Noch immer die Augen auf das Bild geheftet.)* Oh, Sie wissen es ja wohl, Conti, daß man den Künstler dann erst recht lobt, wenn man über sein Werk sein Lob vergißt.

Conti. Gleichwohl hat mich dieses noch sehr unzufrieden mit mir gelassen. – Und doch bin ich wiederum sehr zufrieden mit meiner Unzufriedenheit mit mir selbst. – Ha! daß wir nicht unmittelbar mit den Augen malen! Auf dem langen Wege, aus dem Auge durch den Arm in den Pinsel, wieviel geht da verloren! – Aber, wie ich sage, daß ich es weiß, was hier verlorengegangen und wie es verlorengegangen und warum es verlorengehen müssen: darauf bin ich ebenso stolz und stolzer, als ich auf alles das bin, was ich nicht verlorengehen lassen. Denn aus jenem erkenne ich, mehr als aus diesem, daß ich wirklich ein großer Maler bin, daß es aber meine Hand nur nicht immer ist. – Oder meinen Sie, Prinz, daß Raffael nicht das größte malerische Genie gewesen wäre, wenn er unglücklicherweise ohne Hände wäre geboren worden? Meinen Sie, Prinz?

Der Prinz *(indem er nur eben von dem Bilde wegblickt).* Was sagen Sie, Conti? Was wollen Sie wissen?

Conti. O nichts, nichts! – Plauderei! Ihre Seele, merk ich, war ganz in Ihren Augen. Ich liebe solche Seelen und solche Augen.

Der Prinz *(mit einer erzwungenen Kälte).* Also, Conti, rechnen Sie doch wirklich Emilia Galotti mit zu den vorzüglichsten Schönheiten unserer Stadt?

Conti. Also? mit? mit zu den vorzüglichsten? und den vorzüglichsten unserer Stadt? – Sie spotten meiner, Prinz. Oder Sie sahen die ganze Zeit ebensowenig, als Sie hörten.

Der Prinz. Lieber Conti – *(die Augen wieder auf das Bild gerichtet,)* wie darf unsereiner seinen Augen trauen? Eigentlich weiß doch nur allein ein Maler von der Schönheit zu urteilen.

Conti. Und eines jeden Empfindung sollte erst auf den Ausspruch eines Malers warten? – Ins Kloster mit dem, der es von uns lernen will, was schön ist! Aber das muß ich Ihnen doch als Maler sagen, mein Prinz: eine von den größten Glückseligkeiten meines Lebens ist es, daß Emilia Galotti mir gesessen. Dieser Kopf, dieses Antlitz, diese Stirne, diese Augen, diese Nase, dieser Mund, dieses Kinn, dieser Hals, diese Brust, dieser Wuchs, dieser ganze Bau, sind, von der Zeit an, mein einziges Studium der weiblichen Schönheit. – Die

Schilderei selbst, wovor sie gesessen, hat ihr abwesender Vater bekommen. Aber diese Kopie –

Der Prinz *(der sich schnell gegen ihn kehret)*. Nun, Conti? ist doch nicht schon versagt?

Conti. Ist für Sie, Prinz, wenn Sie Geschmack daran finden.

Der Prinz. Geschmack! – *(Lächelnd.)* Dieses Ihr Studium der weiblichen Schönheit, Conti, wie könnt' ich besser tun, als es auch zu dem meinigen zu machen? – Dort, jenes Porträt nehmen Sie nur wieder mit – einen Rahmen darum zu bestellen.

Conti. Wohl!

Der Prinz. So schön, so reich, als ihn der Schnitzer nur machen kann. Es soll in der Galerie aufgestellet werden. – Aber dieses bleibt hier. Mit einem Studio macht man soviel Umstände nicht: auch läßt man das nicht aufhängen, sondern hat es gern bei der Hand. – Ich danke Ihnen, Conti; ich danke Ihnen recht sehr. – Und wie gesagt: in meinem Gebiete soll die Kunst nicht nach Brot gehen – bis ich selbst keines habe. – Schicken Sie, Conti, zu meinem Schatzmeister, und lassen Sie, auf Ihre Quittung, für beide Porträte sich bezahlen – was Sie wollen. Soviel Sie wollen, Conti.

Conti. Sollte ich doch nun bald fürchten, Prinz, daß Sie so noch etwas anders belohnen wollen als die Kunst.

Der Prinz. O des eifersüchtigen Künstlers! Nicht doch! – Hören Sie, Conti; soviel Sie wollen. *(Conti geht ab.)*

Fünfter Auftritt

Der Prinz. Soviel er will! – *(Gegen das Bild.)* Dich hab ich für jeden Preis noch zu wohlfeil. – Ah! schönes Werk der Kunst, ist es wahr, daß ich dich besitze? – Wer dich auch besäße, schönres Meisterstück der Natur! – Was Sie dafür wollen, ehrliche Mutter! Was du willst, alter Murrkopf! Fodre nur! Fodert nur! – Am liebsten kauft' ich dich, Zauberin, von dir selbst! – Dieses Auge voll Liebreiz und Bescheidenheit! Dieser Mund! – Und wenn er sich zum Reden öffnet! wenn er lächelt! Dieser Mund! – Ich höre kommen. – Noch bin ich mit dir zu neidisch. *(Indem er das Bild gegen die Wand drehet.)* Es wird Marinelli sein. Hätt' ich ihn doch nicht rufen lassen! Was für einen Morgen könnt' ich haben!

Sechster Auftritt

Marinelli. Der Prinz.

Marinelli. Gnädiger Herr, Sie werden verzeihen. – Ich war mir eines so frühen Befehls nicht gewärtig.

Der Prinz. Ich bekam Lust, auszufahren. Der Morgen war so schön. – Aber nun ist er ja wohl verstrichen; und die Lust ist mir vergangen. – *(Nach einem kurzen Stillschweigen.)* Was haben wir Neues, Marinelli?

Marinelli. Nichts von Belang, das ich wüßte. – Die Gräfin Orsina ist gestern zur Stadt gekommen.

Der Prinz. Hier liegt auch schon ihr guter Morgen *(auf ihren Brief zeigend)* oder was es sonst sein mag! Ich bin gar nicht neugierig darauf. – Sie haben sie gesprochen?

Marinelli. Bin ich, leider, nicht ihr Vertrauter? – Aber, wenn ich es wieder von einer Dame werde, der es einkömmt, Sie in gutem Ernste zu lieben, Prinz: so – –

Der Prinz. Nichts verschworen, Marinelli!

Marinelli. Ja? In der Tat, Prinz? Könnt' es doch kommen? – Oh! so mag die Gräfin auch so unrecht nicht haben.

Der Prinz. Allerdings, sehr unrecht! – Meine nahe Vermählung mit der Prinzessin von Massa will durchaus, daß ich alle dergleichen Händel fürs erste abbreche.

Marinelli. Wenn es nur das wäre: so müßte freilich Orsina sich in ihr Schicksal ebensowohl zu finden wissen als der Prinz in seines.

Der Prinz. Das unstreitig härter ist als ihres. Mein Herz wird das Opfer eines elenden Staatsinteresse. Ihres darf sie nur zurücknehmen, aber nicht wider Willen verschenken.

Marinelli. Zurücknehmen? Warum zurücknehmen? fragt die Gräfin: wenn es weiter nichts als eine Gemahlin ist, die dem Prinzen nicht die Liebe, sondern die Politik zuführet? Neben so einer Gemahlin sieht die Geliebte noch immer ihren Platz. Nicht so einer Gemahlin fürchtet sie aufgeopfert zu sein, sondern – –

Der Prinz. Einer neuen Geliebten. – Nun denn? Wollten Sie mir daraus ein Verbrechen machen, Marinelli?

Marinelli. Ich? – Oh! vermengen Sie mich ja nicht, mein Prinz, mit der Närrin, deren Wort ich führe – aus Mitleid führe. Denn gestern, wahrlich, hat sie mich sonderbar gerühret. Sie wollte von ihrer Angelegenheit mit Ihnen gar nicht sprechen. Sie wollte sich ganz gelassen und kalt stellen. Aber mitten in dem gleichgültigsten Gespräche entfuhr ihr eine Wendung, eine Beziehung über die andere, die ihr gefoltertes Herz verriet. Mit dem lustigsten Wesen sagte sie die melancholischsten Dinge: und wiederum die lächerlichsten Possen mit der allertraurigsten Miene. Sie hat zu den Büchern ihre Zuflucht genommen; und ich fürchte, die werden ihr den Rest geben.

Der Prinz. So wie sie ihrem armen Verstande auch den ersten Stoß gegeben. – Aber was mich vornehmlich mit von ihr entfernt hat, das wollen Sie doch nicht brauchen, Marinelli, mich wieder zu ihr zurückzubringen? – Wenn sie aus Liebe närrisch wird, so wäre sie es, früher oder später, auch ohne Liebe geworden – Und nun, genug von ihr. – Von etwas andern! – Geht denn gar nichts vor in der Stadt? –

Marinelli. So gut wie gar nichts. – Denn daß die Verbindung des Grafen Appiani heute vollzogen wird – ist nicht viel mehr als gar nichts.

Der Prinz. Des Grafen Appiani? und mit wem denn? – Ich soll ja noch hören, daß er versprochen ist.

Marinelli. Die Sache ist sehr geheimgehalten worden. Auch war nicht viel Aufhebens davon zu machen. – Sie werden lachen, Prinz. – Aber so geht es den Empfindsamen! Die Liebe spielet ihnen immer die schlimmsten Streiche. Ein Mädchen ohne Vermögen und ohne Rang hat ihn in ihre Schlinge zu ziehen gewußt – mit ein wenig Larve, aber mit vielem Prunke von Tugend und Gefühl und Witz – und was weiß ich?

Der Prinz. Wer sich den Eindrücken, die Unschuld und Schönheit auf ihn machen, ohne weitere Rücksicht, so ganz überlassen darf – ich dächte, der wäre eher zu beneiden als zu belachen. – Und wie heißt denn die Glückliche? Denn bei alledem ist Appiani – ich weiß wohl, daß Sie, Marinelli, ihn nicht leiden können; ebensowenig als er Sie –, bei alledem ist er doch ein sehr würdiger junger Mann, ein schöner Mann, ein reicher Mann, ein Mann voller Ehre. Ich hätte sehr gewünscht, ihn mir verbinden zu können. Ich werde noch darauf denken.

Marinelli. Wenn es nicht zu spät ist. – Denn soviel ich höre, ist sein Plan gar nicht, bei Hofe sein Glück zu machen. – Er will mit seiner Gebieterin nach seinen Tälern von Piemont – Gemsen zu jagen, auf den Alpen, und Murmeltiere abzurichten. – Was kann er Besseres tun? Hier ist es durch das Mißbündnis, welches er trifft, mit ihm doch aus. Der Zirkel der ersten Häuser ist ihm von nun an verschlossen – –

Der Prinz. Mit euren ersten Häusern! – in welchen das Zeremoniell, der Zwang, die Langeweile und nicht selten die Dürftigkeit herrschet. – Aber so nennen Sie mir sie doch, der er dieses so große Opfer bringt.

Marinelli. Es ist eine gewisse Emilia Galotti.

Der Prinz. Wie, Marinelli? eine gewisse –

Marinelli. Emilia Galotti.

Der Prinz. Emilia Galotti? – Nimmermehr!

Marinelli. Zuverlässig, gnädiger Herr.

Der Prinz. Nein, sag ich; das ist nicht, das kann nicht sein. – Sie irren sich in dem Namen. – Das Geschlecht der Galotti ist groß. – Eine Galotti kann es sein: aber nicht Emilia Galotti, nicht Emilia!

Marinelli. Emilia – Emilia Galotti!

Der Prinz. So gibt es noch eine, die beide Namen führt. – Sie sagten ohnedem, eine gewisse Emilia Galotti – eine gewisse. Von der rechten kann nur ein Narr so sprechen –

Marinelli. Sie sind außer sich, gnädiger Herr. – Kennen Sie denn diese Emilia?

Der Prinz. Ich habe zu fragen, Marinelli, nicht Er. – Emilia Galotti? Die Tochter des Obersten Galotti, bei Sabionetta?

Marinelli. Ebendie.

Der Prinz. Die hier in Guastalla mit ihrer Mutter wohnet?

Marinelli. Ebendie.

Der Prinz. Unfern der Kirche Allerheiligen?

Marinelli. Ebendie.

Der Prinz. Mit einem Worte – *(Indem er nach dem Porträte springt und es dem Marinelli in die Hand gibt.)* Da! – Diese? Diese Emilia Galotti? – Sprich dein verdammtes „Ebendie“ noch einmal und stoß mir den Dolch ins Herz!

Marinelli. Ebendie!

Der Prinz. Henker! – Diese? – Diese Emilia Galotti wird heute – –

Marinelli. Gräfin Appiani! – *(Hier reißt der Prinz dem Marinelli das Bild wieder aus der Hand und wirft es beiseite.)* Die Trauung geschiehet in der Stille, auf dem Landgute des Vaters bei Sabionetta. Gegen Mittag fahren Mutter und Tochter, der Graf und vielleicht ein paar Freunde dahin ab.

Der Prinz *(der sich voll Verzweiflung in einen Stuhl wirft)*. So bin ich verloren! – So will ich nicht leben!

Marinelli. Aber was ist Ihnen, gnädiger Herr?

Der Prinz *(der gegen ihn wieder aufspringt)*. Verräter! – was mir ist? – Nun ja, ich liebe sie; ich bete sie an. Mögt ihr es doch wissen! Mögt ihr es doch längst gewußt haben, alle ihr, denen ich der tollen Orsina schimpfliche Fesseln lieber ewig tragen sollte! – Nur daß Sie, Marinelli, der Sie so oft mich Ihrer innigsten Freundschaft versicherten – O ein Fürst hat keinen Freund! kann keinen Freund haben! –, daß Sie, Sie, so treulos, so hämisch mir bis auf diesen Augenblick die Gefahr verhehlen dürfen, die meiner Liebe drohte: wenn ich Ihnen jemals das vergebe – so werde mir meiner Sünden keine vergeben!

Marinelli. Ich weiß kaum Worte zu finden, Prinz – wenn Sie mich auch dazu kommen ließen –, Ihnen mein Erstaunen zu bezeigen. – Sie lieben Emilia Galotti! – Schwur dann gegen Schwur: Wenn ich von dieser Liebe das geringste gewußt, das geringste vermutet habe, so möge weder Engel noch Heiliger von mir wissen! – Ebendas wollt' ich in die Seele der Orsina schwören. Ihr Verdacht schweift auf einer ganz andern Fährte.

Der Prinz. So verzeihen Sie mir, Marinelli – *(indem er sich ihm in die Arme wirft)* und bedaueren Sie mich.

Marinelli. Nun da, Prinz! Erkennen Sie da die Frucht Ihrer Zurückhaltung! – „Fürsten haben keinen Freund! können keinen Freund haben!" – Und die Ursache, wenn dem so ist? – Weil sie keinen haben wollen. – Heute beehren sie uns mit ihrem Vertrauen, teilen uns ihre geheimsten Wünsche mit, schließen uns ihre ganze Seele auf: und morgen sind wir ihnen wieder so fremd, als hätten sie nie ein Wort mit uns gewechselt.

Der Prinz. Ah! Marinelli, wie konnt' ich Ihnen vertrauen, was ich mir selbst kaum gestehen wollte?

Marinelli. Und also wohl noch weniger der Urheberin Ihrer Qual gestanden haben?

Der Prinz. Ihr? – Alle meine Mühe ist vergebens gewesen, sie ein zweites Mal zu sprechen. –

Marinelli. Und das erstemal –

Der Prinz. Sprach ich sie – Oh, ich komme von Sinnen! Und ich soll Ihnen noch lange erzählen? – Sie sehen mich einen Raub der Wellen: was fragen Sie viel, wie ich es geworden? Retten Sie mich, wenn Sie können: und fragen Sie dann.

Marinelli. Retten? ist da viel zu retten? – Was Sie versäumt haben, gnädiger Herr, der Emilia Galotti zu bekennen, das bekennen Sie nun der Gräfin Appiani. Waren, die man aus der ersten Hand nicht haben kann, kauft man aus der zweiten: – und solche Waren nicht selten aus der zweiten um so viel wohlfeiler.

Der Prinz. Ernsthaft, Marinelli, ernsthaft, oder –

Marinelli. Freilich, auch um so viel schlechter – –

Der Prinz. Sie werden unverschämt!

Marinelli. Und dazu will der Graf damit aus dem Lande. – Ja, so müßte man auf etwas anders denken. –

Der Prinz. Und auf was? – Liebster, bester Marinelli, denken Sie für mich. Was würden Sie tun, wenn Sie an meiner Stelle wären?

Marinelli. Vor allen Dingen eine Kleinigkeit als eine Kleinigkeit ansehen – und mir sagen, daß ich nicht vergebens sein wolle, was ich bin – Herr!

Der Prinz. Schmeicheln Sie mir nicht mit einer Gewalt, von der ich hier keinen Gebrauch absehe. – Heute, sagen Sie? schon heute?

Marinelli. Erst heute – soll es geschehen. Und nur geschehenen Dingen ist nicht zu raten. – *(Nach einer kurzen Überlegung.)* Wollen Sie mir freie Hand lassen, Prinz? Wollen Sie alles genehmigen, was ich tue?

Der Prinz. Alles, Marinelli, alles, was diesen Streich abwenden kann.

Marinelli. So lassen Sie uns keine Zeit verlieren. – Aber bleiben Sie nicht in der Stadt. Fahren Sie sogleich nach Ihrem Lustschlosse, nach Dosalo. Der Weg nach Sabionetta geht da vorbei. Wenn es mir nicht gelingt, den Grafen augenblicklich zu entfernen: so denk ich – Doch, doch; ich glaube, er geht in diese Falle gewiß. Sie wollen, Prinz, wegen Ihrer Vermählung einen Gesandten nach Massa schicken? Lassen Sie den Grafen dieser Gesandte sein; mit dem Bedinge, daß er noch heute abreiset. – Verstehen Sie?

Der Prinz. Vortrefflich! – Bringen Sie ihn zu mir heraus. Gehen Sie, eilen Sie. Ich werfe mich sogleich in den Wagen. *(Marinelli geht ab.)*

Siebenter Auftritt

Der Prinz. Sogleich! sogleich! – Wo blieb es? – *(Sich nach dem Porträte umsehend.)* Auf der Erde? das war zu arg! *(Indem er es aufhebt.)* Doch betrachten? betrachten mag ich dich fürs erste nicht mehr. – Warum sollt' ich mir den Pfeil noch tiefer in die Wunde drücken? *(Setzt es beiseite)* – Geschmachtet, geseufzet hab ich lange genug – länger als ich gesollt hätte: aber nichts getan! und über die zärtliche Untätigkeit bei einem Haar alles verloren! – Und wenn nun doch alles verloren wäre? Wenn Marinelli nichts ausrichtete? – Warum will ich mich auch auf ihn allein verlassen? Es fällt mir ein – um diese Stunde *(nach der Uhr sehend)*, um diese nämliche Stunde pflegt das fromme Mädchen alle Morgen bei den Dominikanern die Messe zu hören. – Wie, wenn ich sie da zu sprechen suchte? – Doch heute, heut an ihrem Hochzeittage – heute werden ihr andere Dinge am Herzen liegen als die Messe. – Indes, wer weiß? – Es ist ein Gang. – *(Er klingelt, und indem er* *einige von den Papieren auf dem Tische hastig zusammenrafft, tritt der Kammerdiener herein.)* Laßt vorfahren! – Ist noch keiner von den Räten da?

Der Kammerdiener. Camillo Rota.

Der Prinz. Er soll hereinkommen. *(Der Kammerdiener geht ab.)* Nur aufhalten muß er mich nicht wollen. Dasmal nicht! – Ich stehe gern seinen Bedenklichkeiten ein andermal um so viel länger zu Diensten. – Da war ja noch die Bittschrift einer Emilia Bruneschi. – *(Sie suchend.)* Die ist's. – Aber, gute Bruneschi, wo deine Vorsprecherin – –

Achter Auftritt

Camillo Rota, Schriften in der Hand. Der Prinz.

Der Prinz. Kommen Sie, Rota, kommen Sie. – Hier ist, was ich diesen Morgen erbrochen. Nicht viel Tröstliches! – Sie werden von selbst sehen, was darauf zu verfügen. – Nehmen Sie nur.

Camillo Rota. Gut, gnädiger Herr.

Der Prinz. Noch ist hier eine Bittschrift einer Emilia Galot.. Bruneschi will ich sagen. – Ich habe meine Bewilligung zwar schon beigeschrieben. Aber doch – die Sache ist keine Kleinigkeit. – Lassen Sie die Ausfertigung noch anstehen. – Oder auch nicht anstehen: wie Sie wollen.

Camillo Rota. Nicht wie ich will, gnädiger Herr.

Der Prinz. Was ist sonst? Etwas zu unterschreiben?

Camillo Rota. Ein Todesurteil wäre zu unterschreiben.

Der Prinz. Recht gern. – Nur her! geschwind.

Camillo Rota *(stutzig und den Prinzen starr ansehend).* Ein Todesurteil – sagt' ich.

Der Prinz. Ich höre ja wohl. – Es könnte schon geschehen sein. Ich bin eilig.

Camillo Rota *(seine Schriften nachsehend).* Nun hab ich es doch wohl nicht mitgenommen! – – Verzeihen Sie, gnädiger Herr. – Es kann Anstand damit haben bis morgen.

Der Prinz. Auch das! – Packen Sie nur zusammen; ich muß fort – Morgen, Rota, ein Mehres! *(Geht ab.)*

Camillo Rota *(den Kopf schüttelnd, indem er die Papiere zu sich nimmt und abgeht).* Recht gern? – Ein Todesurteil recht gern? – Ich hätt' es ihn in diesem Augenblicke nicht mögen unterschreiben lassen, und wenn es den Mörder meines einzigen Sohnes betroffen hätte. – Recht gern! Recht gern! – Es geht mir durch die Seele dieses gräßliche Recht gern!

Zweiter Aufzug

Die Szene: ein Saal in dem Hause der Galotti.

Erster Auftritt

Claudia Galotti. Pirro.

Claudia *(im Heraustreten zu Pirro, der von der andern Seite hereintritt).* Wer sprengte da in den Hof?

Pirro. Unser Herr, gnädige Frau.

Claudia. Mein Gemahl? Ist es möglich?

Pirro. Er folgt mir auf dem Fuße.

Claudia. So unvermutet? – *(Ihm entgegeneilend.)* Ach! mein Bester! –

Zweiter Auftritt

Odoardo Galotti und die Vorigen.

Odoardo. Guten Morgen, meine Liebe! – Nicht wahr, das heißt überraschen? –

Claudia. Und auf die angenehmste Art! – Wenn es anders nur eine Überraschung sein soll.

Odoardo. Nichts weiter! Sei unbesorgt. – Das Glück des heutigen Tages weckte mich so früh; der Morgen war so schön; der Weg ist so kurz; ich vermutete euch hier so geschäftig – Wie leicht vergessen sie etwas, fiel mir ein. – Mit einem Worte: ich komme, und sehe, und kehre sogleich wieder zurück. – Wo ist Emilia? Unstreitig beschäftigt mit dem Putze? –

Claudia. Ihrer Seele! – Sie ist in der Messe. – „Ich habe heute, mehr als jeden andern Tag, Gnade von oben zu erflehen", sagte sie und ließ alles liegen und nahm ihren Schleier und eilte –

Odoardo. Ganz allein?

Claudia. Die wenigen Schritte – –

Odoardo. Einer ist genug zu einem Fehltritt! –

Claudia. Zürnen Sie nicht, mein Bester; und kommen Sie herein – einen Augenblick auszuruhen und, wann Sie wollen, eine Erfrischung zu nehmen.

Odoardo. Wie du meinest, Claudia. – Aber sie sollte nicht allein gegangen sein. –

Claudia. Und Ihr, Pirro, bleibt hier in dem Vorzimmer, alle Besuche auf heute zu verbitten.

Dritter Auftritt

Pirro und bald darauf Angelo.

Pirro. Die sich nur aus Neugierde melden lassen. – Was bin ich seit einer Stunde nicht alles ausgefragt worden! – Und wer kömmt da?

Angelo *(noch halb hinter der Szene, in einem kurzen Mantel, den er über das Gesicht gezogen, den Hut in die Stirne)*. Pirro! – Pirro!

Pirro. Ein Bekannter? – *(Indem Angelo vollends hereintritt und den Mantel auseinanderschlägt.)* Himmel! Angelo? – Du?

Angelo. Wie du siehst. – Ich bin lange genug um das Haus herumgegangen, dich zu sprechen. – Auf ein Wort! –

Pirro. Und du wagst es, wieder ans Licht zu kommen? – Du bist seit deiner letzten Mordtat vogelfrei erkläret; auf deinen Kopf steht eine Belohnung

Angelo. Die doch du nicht wirst verdienen wollen? –

Pirro. Was willst du? – Ich bitte dich, mache mich nicht unglücklich.

Angelo. Damit etwa? *(Ihm einen Beutel mit Gelde zeigend.)* – Nimm! Es gehöret dir!

Pirro. Mir?

Angelo. Hast du vergessen? Der Deutsche, dein voriger Herr – –

Pirro. Schweig davon!

Angelo. Den du uns, auf dem Wege nach Pisa, in die Falle führtest –

Pirro. Wenn uns jemand hörte!

Angelo. Hatte ja die Güte, uns auch einen kostbaren Ring zu hinterlassen. – Weißt du nicht? – Er war zu kostbar, der Ring, als daß wir ihn sogleich ohne Verdacht hätten zu Gelde machen können. Endlich ist mir es damit gelungen. Ich habe hundert Pistolen dafür erhalten, und das ist dein Anteil. Nimm!

Pirro. Ich mag nichts – behalt alles.

Angelo. Meinetwegen! – wenn es dir gleichviel ist, wie hoch du deinen Kopf feil trägst – *(Als ob er den Beutel wieder einstecken wollte.)*

Pirro. So gib nur! *(Nimmt ihn.)* – Und was nun? Denn daß du bloß deswegen mich aufgesucht haben solltest – –

Angelo. Das kömmt dir nicht so recht glaublich vor? – Halunke! Was denkst du von uns? – daß wir fähig sind, jemand seinen Verdienst vorzuenthalten? Das mag unter den sogenannten ehrlichen Leuten Mode sein: unter uns nicht. – Leb wohl! – *(Tut, als ob er gehen wollte, und kehrt wieder um.)* Eins muß ich doch fragen. – Da kam ja der alte Galotti so ganz allein in die Stadt gesprengt. Was will der?

Pirro. Nichts will er; ein bloßer Spazierritt. Seine Tochter wird heut abend auf dem Gute, von dem er herkömmt, dem Grafen Appiani angetrauet. Er kann die Zeit nicht erwarten –

Angelo. Und reitet bald wieder hinaus?

Pirro. So bald, daß er dich hier trifft, wo du noch lange verziehest. – Aber du hast doch keinen Anschlag auf ihn? Nimm dich in acht. Er ist ein Mann –

Angelo. Kenn ich ihn nicht? Hab ich nicht unter ihm gedienet? – Wenn darum bei ihm nur viel zu holen wäre! – Wenn fahren die junge Leute nach?

Pirro. Gegen Mittag.

Angelo. Mit viel Begleitung?

Pirro. In einem einzigen Wagen.- die Mutter, die Tochter und der Graf. Ein paar Freunde kommen aus Sabionetta als Zeugen.

Angelo. Und Bediente?

Pirro. Nur zwei; außer mir, der ich zu Pferde voraufreiten soll.

Angelo. Das ist gut. – Noch eins: wessen ist die Equipage? Ist es eure? oder des Grafen?

Pirro. Des Grafen.

Angelo. Schlimm! Da ist noch ein Vorreiter, außer einem handfesten Kutscher. Doch! –

Pirro. Ich erstaune. Aber was willst du? – Das bißchen Schmuck, das die Braut etwa haben dürfte, wird schwerlich der Mühe lohnen –

Angelo. So lohnt ihrer die Braut selbst!

Pirro. Und auch bei diesem Verbrechen soll ich dein Mitschuldiger sein?

Angelo. Du reitest vorauf. Reite doch, reite! und kehre dich an nichts!

Pirro. Nimmermehr!

Angelo. Wie? ich glaube gar, du willst den Gewissenhaften spielen. Bursche! ich denke, du kennst mich. – Wo du plauderst! Wo sich ein einziger Umstand anders findet, als du mir ihn angegeben! –

Pirro. Aber, Angelo, um des Himmels willen! –

Angelo. Tu, was du nicht lassen kannst! *(Geht ab.)*

Pirro. Ha! Laß dich den Teufel bei *einem* Haare fassen, und du bist sein auf ewig! Ich Unglücklicher!

Vierter Auftritt

Odoardo und Claudia Galotti. Pirro.

Odoardo. Sie bleibt mir zu lang aus –

Claudia. Noch einen Augenblick, Odoardo! Es würde sie schmerzen, deines Anblicks so zu verfehlen.

Odoardo. Ich muß auch bei dem Grafen noch einsprechen. Kaum kann ich's erwarten, diesen würdigen jungen Mann meinen Sohn zu nennen. Alles entzückt mich an ihm. Und vor allem der Entschluß, in seinen väterlichen Tälern sich selbst zu leben.

Claudia. – Das Herz bricht mir, wenn ich hieran gedenke. – So ganz sollen wir sie verlieren, diese einzige, geliebte Tochter?

Odoardo. Was nennst du, sie verlieren? Sie in den Armen der Liebe zu wissen? Vermenge dein Vergnügen an ihr nicht mit ihrem Glücke. – Du möchtest meinen alten Argwohn erneuern: – daß es mehr das Geräusch und die Zerstreuung der Welt, mehr die Nähe des Hofes war als die Notwendigkeit, unserer Tochter eine anständige Erziehung zu geben, was dich bewog, hier in der Stadt mit ihr zu bleiben – fern von einem Manne und Vater, der euch so herzlich liebet.

Claudia. Wie ungerecht, Odoardo! Aber laß mich heute nur ein einziges Wort für diese Stadt, für diese Nähe des Hofes sprechen, die deiner strengen Tugend so verhaßt sind. – Hier, nur hier konnte die Liebe zusammenbringen, was füreinander geschaffen war. Hier nur konnte der Graf Emilien finden; und fand sie.

Odoardo. Das räum ich ein. Aber, gute Claudia, hattest du darum recht, weil dir der Ausgang recht gibt? – Gut, daß es mit dieser Stadterziehung so abgelaufen! Laß uns nicht weise sein wollen, wo wir nichts als glücklich gewesen! Gut, daß es so damit abgelaufen! – Nun haben sie sich gefunden, die füreinander bestimmt waren: nun laß sie ziehen, wohin Unschuld und Ruhe sie rufen. – Was sollte der Graf hier? Sich bücken, schmeicheln und kriechen und die Marinellis auszustechen suchen? um endlich ein Glück zu machen, dessen er nicht bedarf? um endlich einer Ehre gewürdiget zu werden, die für ihn keine wäre? – Pirro!

Pirro. Hier bin ich.

Odoardo. Geh und führe mein Pferd vor das Haus des Grafen. Ich komme nach und will mich da wieder aufsetzen. *(Pirro geht ab.)* – Warum soll der Graf hier dienen, wenn er dort selbst befehlen kann? – Dazu bedenkest du nicht, Claudia, daß durch unsere Tochter er es vollends mit dem Prinzen verderbt. Der Prinz haßt mich –

Claudia. Vielleicht weniger, als du besorgest.

Odoardo. Besorgest! Ich besorg auch so was!

Claudia. Denn hab ich dir schon gesagt, daß der Prinz unsere Tochter gesehen hat?

Odoardo. Der Prinz? Und wo das?

Claudia. In der letzten Vegghia, bei dem Kanzler Grimaldi, die er mit seiner Gegenwart beehrte. Er bezeigte sich gegen sie so gnädig – –

Odoardo. So gnädig?

Claudia. Er unterhielt sich mit ihr so lange – –

Odoardo. Unterhielt sich mit ihr?

Claudia. Schien von ihrer Munterkeit und ihrem Witze so bezaubert – –

Odoardo. So bezaubert? –

Claudia. Hat von ihrer Schönheit mit so vielen Lobeserhebungen gesprochen – –

Odoardo. Lobeserhebungen? Und das alles erzählst du mir in einem Tone der Entzückung? O Claudia! eitle, törichte Mutter!

Claudia. Wieso?

Odoardo. Nun gut, nun gut! Auch das ist so abgelaufen. – Ha! wenn ich mir einbilde – Das gerade wäre der Ort, wo ich am tödlichsten zu verwunden bin! – Ein Wollüstling, der bewundert, begehrt. – Claudia! Claudia! der bloße Gedanke setzt mich in Wut. – Du hättest mir das sogleich sollen gemeldet haben. – Doch, ich möchte dir heute nicht gern etwas Unangenehmes sagen. Und ich würde *(indem sie ihn bei der Hand ergreift)*, wenn ich länger bliebe. – Drum laß mich! laß mich! – Gott befohlen, Claudia! – Kommt glücklich nach!

Fünfter Auftritt

Claudia Galotti. Welch ein Mann! – Oh, der rauhen Tugend! – wenn anders sie diesen Namen verdienet. – Alles scheint ihr verdächtig, alles strafbar! – Oder, wenn das die Menschen kennen heißt: – wer sollte sich wünschen, sie zu kennen? – Wo bleibt aber auch Emilia? – Er ist des Vaters Feind: folglich – folglich, wenn er ein Auge für die Tochter hat, so ist es einzig, um ihn zu beschimpfen? –

Sechster Auftritt

Emilia und Claudia Galotti.

Emilia *(stürzet in einer ängstlichen Verwirrung herein)*. Wohl mir! wohl mir! – Nun bin ich in Sicherheit. Oder ist er mir gar gefolgt? *(Indem sie den Schleier zurückwirft und ihre Mutter erblicket.)* Ist er, meine Mutter? ist er? Nein, dem Himmel sei Dank!

Claudia. Was ist dir, meine Tochter? was ist dir?

Emilia. Nichts, nichts –

Claudia. Und blickest so wild um dich? Und zitterst an jedem Gliede?

Emilia. Was hab ich hören müssen? Und wo, wo hab ich es hören müssen?

Claudia. Ich habe dich in der Kirche geglaubt –

Emilia. Eben da! Was ist dem Laster Kirch' und Altar? – Ach, meine Mutter! *(Sich ihr in die Arme werfend.)*

Claudia. Rede, meine Tochter! – Mach meiner Furcht ein Ende. – Was kann dir da, an heiliger Stätte, so Schlimmes begegnet sein?

Emilia. Nie hätte meine Andacht inniger, brünstiger sein sollen als heute: nie ist sie weniger gewesen, was sie sein sollte.

Claudia. Wir sind Menschen, Emilia. Die Gabe zu beten ist nicht immer in unserer Gewalt. Dem Himmel ist beten wollen auch beten.

Emilia. Und sündigen wollen auch sündigen.

Claudia. Das hat meine Emilia nicht wollen!

Emilia. Nein, meine Mutter; so tief ließ mich die Gnade nicht sinken. – Aber daß fremdes Laster uns, wider unsern Willen, zu Mitschuldigen machen kann! .

Claudia. Fasse dich! – Sammle deine Gedanken, soviel dir möglich. – Sag es mir mit eins, was dir geschehen.

Emilia. Eben hatt' ich mich – weiter von dem Altare, als ich sonst pflege – denn ich kam zu spät –, auf meine Knie gelassen. Eben fing ich an, mein Herz zu erheben: als dicht hinter mir etwas seinen Platz nahm. So dicht hinter mir! – Ich konnte weder vor noch zur Seite rücken – so gern ich auch wollte; aus Furcht, daß eines andern Andacht mich in meiner stören möchte. – Andacht! das war das Schlimmste, was ich besorgte. – Aber es währte nicht lange, so hört' ich, ganz nah an meinem Ohre – nach einem tiefen Seufzer – nicht den Namen einer Heiligen – den Namen – zürnen Sie nicht, meine Mutter – den Namen Ihrer Tochter! – Meinen Namen! – O daß laute Donner mich verhindert hätten, mehr zu hören! – Es sprach von Schönheit, von Liebe – Es klagte, daß dieser Tag, welcher mein Glück mache – wenn er es anders mache – sein Unglück auf immer entscheide. – Es beschwor mich – hören mußt' ich dies alles. Aber ich blickte nicht um; ich wollte tun, als ob ich es nicht hörte. – Was konnt' ich sonst? – Meinen guten Engel bitten, mich mit Taubheit zu schlagen; und wann auch, wenn auch auf immer! – Das bat ich; das war das einzige, was ich beten konnte. – Endlich ward es Zeit, mich wieder zu erheben. Das heilige Amt ging zu Ende. Ich zitterte, mich umzukehren. Ich zitterte, ihn zu erblicken, der sich den Frevel erlauben dürfen. Und da ich mich umwandte, da ich ihn erblickte –

Claudia. Wen, meine Tochter?

Emilia. Raten Sie, meine Mutter, raten Sie – Ich glaubte in die Erde zu sinken – Ihn selbst.

Claudia. Wen, ihn selbst?

Emilia. Den Prinzen.

Claudia. Den Prinzen! – O gesegnet sei die Ungeduld deines Vaters, der eben hier war und dich nicht erwarten wollte!

Emilia. Mein Vater hier? – und wollte mich nicht erwarten?

Claudia. Wenn du in deiner Verwirrung auch ihn das hättest hören lassen!

Emilia. Nun, meine Mutter? – Was hätt' er an mir Strafbares finden können?

Claudia. Nichts; ebensowenig als an mir. Und doch, doch – Ha, du kennest deinen Vater nicht! In seinem Zorne hätt' er den unschuldigen Gegenstand des Verbrechens mit dem Verbrecher verwechselt. In seiner Wut hätt' ich ihm geschienen, das veranlaßt zu haben, was ich weder verhindern noch vorhersehen können. – Aber weiter, meine Tochter, weiter! Als du den Prinzen erkanntest – Ich will hoffen, daß du deiner mächtig genug warest, ihm in *einem* Blicke alle die Verachtung zu bezeigen, die er verdienst.

Emilia. Das war ich nicht, meine Mutter! Nach dem Blicke, mit dem ich ihn erkannte, hatt' ich nicht das Herz, einen zweiten auf ihn zu richten. Ich floh –

Claudia. Und der Prinz dir nach –

Emilia. Was ich nicht wußte, bis ich in der Halle mich bei der Hand ergriffen fühlte. Und von ihm! Aus Scham mußt' ich standhalten: mich von ihm loszuwinden würde die Vorbeigehenden zu aufmerksam auf uns gemacht haben. Das war die einzige Überlegung, deren ich fähig war – oder deren ich nun mich wieder erinnere. Er sprach; und ich hab ihm geantwortet. Aber was er sprach, was ich ihm geantwortet – fällt mir es noch bei, so ist es gut, so will ich es Ihnen sagen, meine Mutter. Jetzt weiß ich von dem allen nichts. Meine Sinne hatten mich verlassen. – Umsonst denk ich nach, wie ich von ihm weg und aus der Halle gekommen. Ich finde mich erst auf der Straße wieder, und höre ihn hinter mir herkommen, und höre ihn mit mir zugleich in das Haus treten, mit mir die Treppe hinaufsteigen – –

Claudia. Die Furcht hat ihren besondern Sinn, meine Tochter! Ich werde es nie vergessen, mit welcher Gebärde du hereinstürztest. – Nein, so weit durfte er nicht wagen, dir zu folgen. – Gott! Gott! wenn dein Vater das wüßte! – Wie wild er schon war, als er nur hörte, daß der Prinz dich jüngst nicht ohne Mißfallen gesehen! – Indes, sei ruhig, meine Tochter! Nimm es für einen Traum, was dir begegnet ist. Auch wird es noch weniger Folgen haben als ein Traum. Du entgehest heute mit eins allen Nachstellungen.

Emilia. Aber, nicht, meine Mutter? Der Graf muß das wissen. Ihm muß ich es sagen.

Claudia. Um alle Welt nicht! – Wozu? warum? Willst du für nichts und wieder für nichts ihn unruhig machen? Und wann er es auch itzt nicht würde: wisse, mein Kind, daß ein Gift, welches nicht gleich wirket, darum kein minder gefährliches Gift ist. Was auf den Liebhaber keinen Eindruck macht, kann ihn auf den Gemahl machen. Den Liebhaber könnt' es sogar schmeicheln, einem so wichtigen Mitbewerber den Rang abzulaufen. Aber wenn er ihm den nun einmal abgelaufen hat: ah! mein Kind – so wird aus dem Liebhaber oft ein ganz anderes Geschöpf. Dein gutes Gestirn behüte dich vor dieser Erfahrung.

Emilia. Sie wissen, meine Mutter, wie gern ich Ihren bessern Einsichten mich in allem unterwerfe. – Aber, wenn er es von einem andern erführe, daß der Prinz mich heute gesprochen? Würde mein Verschweigen nicht, früh oder spät, seine Unruhe vermehren? – Ich dächte doch, ich behielte lieber vor ihm nichts auf dem Herzen.

Claudia. Schwachheit! verliebte Schwachheit! – Nein, durchaus nicht, meine Tochter! Sag ihm nichts. Laß ihn nichts merken!

Emilia. Nun ja, meine Mutter! Ich habe keinen Willen gegen den Ihrigen. – Aha! *(Mit einem tiefen Atemzuge.)* Auch wird mir wieder ganz leicht. – Was für ein albernes, furchtsames Ding ich bin! – Nicht, meine Mutter? – Ich hätte mich noch wohl anders dabei nehmen können und würde mir ebensowenig vergeben haben.

Claudia. Ich wollte dir das nicht sagen, meine Tochter, bevor dir es dein eigner gesunder Verstand sagte. Und ich wußte, er wurde dir es sagen, sobald du wieder zu dir selbst gekommen. – Der Prinz ist galant. Du bist die unbedeutende Sprache der Galanterie zu wenig gewohnt. Eine Höflichkeit wird in ihr zur Empfindung, eine Schmeichelei zur Beteurung, ein Einfall zum Wunsche, ein Wunsch zum Vorsatze. Nichts klingt in dieser Sprache wie alles, und alles ist in ihr so viel als nichts.

Emilia. O meine Mutter! – so müßte ich mir mit meiner Furcht vollends lächerlich vorkommen! – Nun soll er gewiß nichts davon erfahren, mein guter Appiani! Er könnte mich leicht für mehr eitel als tugendhaft halten. – Hui! daß er da selbst kömmt! Es ist sein Gang.

Siebenter Auftritt

Graf Appiani. Die Vorigen.

Appiani *(tritt tiefsinnig, mit vor sich hin geschlagenen Augen herein und kömmt näher, ohne sie zu erblicken; bis Emilia ihm entgegenspringt).* Ah, meine Teuerste! – Ich war mir Sie in dem Vorzimmer nicht vermutend.

Emilia. Ich wünschte Sie heiter, Herr Graf, auch wo Sie mich nicht vermuten. – So feierlich? so ernsthaft? – Ist dieser Tag keiner freudigern Aufwallung wert?

Appiani. Er ist mehr wert als mein ganzes Leben. Aber schwanger mit so viel Glückseligkeit für mich – mag es wohl diese Glückseligkeit selbst sein, die mich so ernst, die mich, wie Sie es nennen, mein Fräulein, so feierlich macht. – *(Indem er die Mutter erblickt.)* Ha! auch Sie hier, meine gnädige Frau! – nun bald mir mit einem innigern Namen zu verehrende!

Claudia. Der mein größter Stolz sein wird! – Wie glücklich bist du, meine Emilia! – Warum hat dein Vater unsere Entzückung nicht teilen wollen?

Appiani. Eben habe ich mich aus seinen Armen gerissen: – oder vielmehr, er sich aus meinen. – Welch ein Mann, meine Emilia, Ihr Vater! Das Muster aller männlichen Tugend! Zu was für Gesinnungen erhebt sich meine Seele in seiner Gegenwart! Nie ist mein Entschluß, immer gut, immer edel zu sein, lebendiger, als wenn ich ihn sehe – wenn ich ihn mir denke. Und womit sonst als mit der Erfüllung dieses Entschlusses kann ich mich der Ehre würdig machen, sein Sohn zu heißen – der Ihrige zu sein, meine Emilia?

Emilia. Und er wollte mich nicht erwarten!

Appiani. Ich urteile, weil ihn seine Emilia, für diesen augenblicklichen Besuch, zu sehr erschüttert, zu sehr sich seiner ganzen Seele bemächtiget hätte.

Claudia. Er glaubte dich mit deinem Brautschmucke beschäftiget zu finden und hörte –

Appiani. Was ich mit der zärtlichsten Bewunderung wieder von ihm gehört habe. – So recht, meine Emilia! Ich werde eine fromme Frau an Ihnen haben, und die nicht stolz auf ihre Frömmigkeit ist.

Claudia. Aber, meine Kinder, eines tun und das andere nicht lassen! – Nun ist es hohe Zeit; nun mach, Emilia!

Appiani. Was? meine gnädige Frau.

Claudia. Sie wollen sie doch nicht so, Herr Graf – so wie sie da ist, zum Altare führen?

Appiani. Wahrlich, das werd ich nun erst gewahr. – Wer kann Sie sehen, Emilia, und auch auf Ihren Putz achten? – Und warum nicht so, so wie sie da ist?

Emilia. Nein, mein lieber Graf, nicht so; nicht ganz so. Aber auch nicht viel prächtiger, nicht viel. – Husch, husch, und ich bin fertig! – Nichts, gar nichts von dem Geschmeide, dem letzten Geschenke Ihrer verschwenderischen Großmut! Nichts, gar nichts, was sich nur zu solchem Geschmeide schickte! – Ich könnte ihm gram sein, diesem Geschmeide, wenn es nicht von Ihnen wäre. Denn dreimal hat mir von ihm geträumt –

Claudia. Nun! davon weiß ich ja nichts.

Emilia. Als ob ich es trüge, und als ob plötzlich sich jeder Stein desselben in eine Perle verwandele. – Perlen aber, meine Mutter, Perlen bedeuten Tränen.

Claudia. Kind! – Die Bedeutung ist träumerischer als der Traum. – Warest du nicht von jeher eine größere Liebhaberin von Perlen als von Steinen? –

Emilia. Freilich, meine Mutter, freilich –

Appiani *(nachdenkend und schwermütig)*. Bedeuten Tränen – bedeuten Tränen!

Emilia. Wie? Ihnen fällt das auf? Ihnen?

Appiani. Jawohl, ich sollte mich schämen. – Aber, wenn die Einbildungskraft einmal zu traurigen Bildern gestimmt ist –

Emilia. Warum ist sie das auch? – Und was meinen Sie, das ich mir ausgedacht habe? – Was trug ich, wie sah ich, als ich Ihnen zuerst gefiel? – Wissen Sie es noch?

Appiani. Ob ich es noch weiß? Ich sehe Sie in Gedanken nie anders als so; und sehe Sie so, auch wenn ich Sie nicht so sehe.

Emilia. Also, ein Kleid von der nämlichen Farbe, von dem nämlichen Schnitte; fliegend und frei –

Appiani. Vortrefflich!

Emilia. Und das Haar –

Appiani. In seinem eignen braunen Glanze; in Locken, wie sie die Natur schlug –

Emilia. Die Rose darin nicht zu vergessen! Recht! recht! – Eine kleine Geduld, und ich stehe so vor Ihnen da!

Achter Auftritt

Graf Appiani. Claudia Galotti.

Appiani *(indem er ihr mit einer niedergeschlagenen Miene nachsieht).* Perlen bedeuten Tränen! – Eine kleine Geduld! – Ja, wenn die Zeit nur außer uns wäre! – Wenn eine Minute am Zeiger sich in uns nicht in Jahre ausdehnen könnte! –

Claudia. Emiliens Beobachtung, Herr Graf, war so schnell als richtig. Sie sind heut ernster als gewöhnlich. Nur noch einen Schritt von dem Ziele Ihrer Wünsche – sollt' es Sie reuen, Herr Graf, daß es das Ziel Ihrer Wünsche gewesen?

Appiani. Ah, meine Mutter, und Sie können das von Ihrem Sohne argwöhnen? – Aber, es ist wahr; ich bin heut ungewöhnlich trübe und finster. – Nur sehen Sie, gnädig Frau: – noch *einen* Schritt vom Ziele oder noch gar nicht ausgelaufen sein, ist im Grunde eines. – Alles was ich sehe, alles was ich höre, alles was ich träume, prediget mir seit gestern und ehegestern diese Wahrheit. Dieser *eine* Gedanke kettet sich an jeden andern, den ich haben muß und haben will. – Was ist das? Ich versteh es nicht. –

Claudia. Sie machen mich unruhig, Herr Graf –

Appiani. Eines kömmt dann zum andern! – Ich bin ärgerlich; ärgerlich über meine Freunde, über mich selbst –

Claudia. Wieso?

Appiani. Meine Freunde verlangen schlechterdings, daß ich dem Prinzen von meiner Heirat ein Wort sagen soll, ehe ich sie vollziehe. Sie geben mir zu, ich sei es nicht schuldig; aber die Achtung gegen ihn woll' es nicht anders. – Und ich bin schwach genug gewesen, es ihnen zu versprechen. Eben wollt' ich noch bei ihm vorfahren.

Claudia *(stutzig)*. Bei dem Prinzen?

Neunter Auftritt

Pirro, gleich darauf Marinelli und die Vorigen.

Pirro. Gnädige Frau, der Marchese Marinelli hält vor dem Hause und erkundiget sich nach dem Herrn Grafen.

Appiani. Nach mir?

Pirro. Hier ist er schon. *(Öffnet ihm die Türe und gehet ab.)*

Marinelli. Ich bitt um Verzeihung, gnädige Frau. – Mein Herr Graf, ich war vor Ihrem Hause und erfuhr, daß ich Sie hier treffen würde. Ich hab ein dringendes Geschäft an Sie – Gnädige Frau, ich bitte nochmals um Verzeihung; es ist in einigen Minuten geschehen.

Claudia. Die ich nicht verzögern will. *(Macht ihm eine Verbeugung und geht ab.)*

Zehnter Auftritt

Marinelli. Appiani.

Appiani. Nun, mein Herr?

Marinelli. Ich komme von des Prinzen Durchlaucht.

Appiani. Was ist zu seinem Befehle?

Marinelli. Ich bin stolz, der Überbringer einer so vorzüglichen Gnade zu sein. – Und wenn Graf Appiani nicht mit Gewalt einen seiner ergebensten Freunde in mir verkennen will – –

Appiani. Ohne weitere Vorrede, wenn ich bitten darf.

Marinelli. Auch das! – Der Prinz muß sogleich an den Herzog von Massa, in Angelegenheit seiner Vermählung mit dessen Prinzessin

Tochter, einen Bevollmächtigten senden. Er war lange unschlüssig, wen er dazu ernennen sollte. Endlich ist seine Wahl, Herr Graf, auf Sie gefallen.

Appiani. Auf mich?

Marinelli. Und das – wenn die Freundschaft ruhmredig sein darf – nicht ohne mein Zutun –

Appiani. Wahrlich, Sie setzen mich wegen eines Dankes in Verlegenheit. – Ich habe schon längst nicht mehr erwartet, daß der Prinz mich zu brauchen geruhen werde. –

Marinelli. Ich bin versichert, daß es ihm bloß an einer würdigen Gelegenheit gemangelt hat. Und wenn auch diese so eines Mannes wie Graf Appiani noch nicht würdig genug sein sollte, so ist freilich meine Freundschaft zu voreilig gewesen.

Appiani. Freundschaft und Freundschaft um das dritte Wort! – Mit wem red ich denn? Des Marchese Marinelli Freundschaft hätt' ich mir nie träumen lassen. –

Marinelli. Ich erkenne mein Unrecht, Herr Graf, mein unverzeihliches Unrecht, daß ich, ohne Ihre Erlaubnis, Ihr Freund sein wollen. – Bei dem allen: was tut das? Die Gnade des Prinzen, die Ihnen angetragene Ehre bleiben, was sie sind: und ich zweifle nicht, Sie werden sie mit Begierd' ergreifen.

Appiani *(nach einiger Überlegung)*. Allerdings.

Marinelli. Nun so kommen Sie.

Appiani. Wohin?

Marinelli. Nach Dosalo, zu dem Prinzen. – Es liegt schon alles fertig; und Sie müssen noch heut abreisen.

Appiani. Was sagen Sie? – Noch heute?

Marinelli. Lieber noch in dieser nämlichen Stunde als in der folgenden. Die Sache ist von der äußersten Eil'.

Appiani. In Wahrheit? – So tut es mir leid, daß ich die Ehre, welche mir der Prinz zugedacht, verbitten muß.

Marinelli. Wie?

Appiani. Ich kann heute nicht abreisen – auch morgen nicht – auch übermorgen noch nicht. –

Marinelli. Sie scherzen, Herr Graf.

Appiani. Mit Ihnen?

Marinelli. Unvergleichlich! Wenn der Scherz dem Prinzen gilt, so ist er um so viel lustiger. – Sie können nicht?

Appiani. Nein, mein Herr, nein. – Und ich hoffe, daß der Prinz selbst meine Entschuldigung wird gelten lassen.

Marinelli. Die bin ich begierig zu hören.

Appiani. Oh, eine Kleinigkeit! – Sehen Sie; ich soll noch heut eine Frau nehmen.

Marinelli. Nun? und dann?

Appiani. Und dann? – und dann? – Ihre Frage ist auch verzweifelt naiv.

Marinelli. Man hat Exempel, Herr Graf, daß sich Hochzeiten aufschieben lassen. – Ich glaube freilich nicht, daß der Braut oder dem Bräutigam immer damit gedient ist. Die Sache mag ihr Unangenehmes haben. Aber doch, dächt' ich, der Befehl des Herrn –

Appiani. Der Befehl des Herrn? – des Herrn? Ein Herr, den man sich selber wählt, ist unser Herr so eigentlich nicht – Ich gebe zu, daß Sie dem Prinzen unbedingtem Gehorsam schuldig wären. Aber nicht ich. – Ich kam an seinen Hof als ein Freiwilliger. Ich wollte die Ehre haben, ihm zu dienen, aber nicht sein Sklave werden. Ich bin der Vasall eines größern Herrn –

Marinelli. Größer oder kleiner: Herr ist Herr.

Appiani. Daß ich mit Ihnen darüber strittet – Genug, sagen Sie dem Prinzen, was Sie gehört haben – daß es mir leid tut, seine Gnade nicht annehmen zu können, weil ich eben heut eine Verbindung vollzöge, die mein ganzes Glück ausmache.

Marinelli. Wollen Sie ihm nicht zugleich wissen lassen, mit wem?

Appiani. Mit Emilia Galotti.

Marinelli. Der Tochter aus diesem Hause?

Appiani. Aus diesem Hause.

Marinelli. Hm! Hm!

Appiani. Was beliebt?

Marinelli. Ich sollte meinen, daß es sonach um so weniger Schwierigkeit haben könne, die Zeremonie bis zu Ihrer Zurückkunft auszusetzen.

Appiani. Die Zeremonie? Nur die Zeremonie?

Marinelli. Die guten Eltern werden es so genau nicht nehmen.

Appiani. Die guten Eltern?

Marinelli. Und Emilia bleibt Ihnen ja wohl gewiß.

Appiani. Ja wohl gewiß? – Sie sind mit Ihrem ja wohl – ja wohl ein ganzer Affe!

Marinelli. Mir das, Graf?

Appiani. Warum nicht?

Marinelli. Himmel und Hölle! – Wir werden uns sprechen.

Appiani. Pah! Hämisch ist der Affe; aber –

Marinelli. Tod und Verdammnis! – Graf, ich fodere Genugtuung.

Appiani. Das versteht sich.

Marinelli. Und würde sie gleich itzt nehmen – nur daß ich dem zärtlichen Bräutigam den heutigen Tag nicht verderben mag.

Appiani. Gutherziges Ding! Nicht doch! Nicht doch! *(Indem er ihn bei der Hand ergreift.)* Nach Massa freilich mag ich mich heute nicht schicken lassen, aber zu einem Spaziergange mit Ihnen hab ich Zeit übrig. – Kommen Sie, kommen Sie!

Marinelli *(der sich losreißt und abgeht)*. Nur Geduld, Graf, nur Geduld!

Eilfter Auftritt

Appiani. Claudia Galotti.

Appiani. Geh, Nichtswürdiger! – Ha! das hat gut getan. Mein Blut ist in Wallung gekommen. Ich fühle mich anders und besser.

Claudia *(eiligst und besorgt)*. Gott! Herr Graf – Ich hab einen heftigen Wortwechsel gehört. – Ihr Gesicht glühet. Was ist vorgefallen?

Appiani. Nichts, gnädige Frau, gar nichts. Der Kammerherr Marinelli hat mir einen großen Dienst erwiesen. Er hat mich des Ganges zum Prinzen überhoben.

Claudia. In der Tat?

Appiani. Wir können nun um so viel früher abfahren. Ich gehe, meine Leute zu treiben, und bin sogleich wieder hier. Emilia wird indes auch fertig.

Claudia. Kann ich ganz ruhig sein, Herr Graf?

Appiani. Ganz ruhig, gnädige Frau. *(Sie geht herein und er fort.)*

Dritter Aufzug

Die Szene: ein Vorsaal auf dem Lustschlosse des Prinzen.

Erster Auftritt

Der Prinz. Marinelli.

Marinelli. Umsonst; er schlug die angetragene Ehre mit der größten Verachtung aus.

Der Prinz. Und so bleibt es dabei? So geht es vor sich? so wird Emilia noch heute die Seinige?

Marinelli. Allem Ansehen nach.

Der Prinz. Ich versprach mir von Ihrem Einfalle so viel! – Wer weiß, wie albern Sie sich dabei genommen. – Wenn der Rat eines Toren einmal gut ist, so muß ihn ein gescheiter Mann ausführen. Das hätt' ich bedenken sollen.

Marinelli. Da find ich mich schön belohnt!

Der Prinz. Und wofür belohnt?

Marinelli. Daß ich noch mein Leben darüber in die Schanze schlagen wollte. – Als ich sahe, daß weder Ernst noch Spott den Grafen bewegen konnte, seine Liebe der Ehre nachzusetzen, versucht' ich es, ihn in Harnisch zu jagen. Ich sagte ihm Dinge, über die er sich vergaß. Er stieß Beleidigungen gegen mich aus, und ich forderte Genugtuung – und forderte sie gleich auf der Stelle. – Ich dachte so: entweder er mich oder ich ihn. Ich ihn: so ist das Feld ganz unser. Oder er mich: nun, wenn auch; so muß er fliehen, und der Prinz gewinnt wenigstens Zeit.

Der Prinz. Das hätten Sie getan, Marinelli?

Marinelli. Ha! man sollt' es voraus wissen, wenn man so töricht bereit ist, sich für die Großen aufzuopfern – man sollt' es voraus wissen, wie erkenntlich sie sein würden –

Der Prinz. Und der Graf? – Er stehet in dem Rufe, sich so etwas nicht zweimal sagen zu lassen.

Marinelli. Nachdem es fällt, ohne Zweifel. – Wer kann es ihm verdenken? – Er versetzte, daß er auf heute doch noch etwas Wichtigers zu tun habe, als sich mit mir den Hals zu brechen. Und so beschied er mich auf die ersten acht Tage nach der Hochzeit.

Der Prinz. Mit Emilia Galotti! Der Gedanke macht mich rasend! – Darauf ließen Sie es gut sein und gingen – und kommen und prahlen, daß Sie Ihr Leben für mich in die Schanze geschlagen, sich mir aufgeopfert –

Marinelli. Was wollen Sie aber, gnädiger Herr, das ich weiter hätte tun sollen?

Der Prinz. Weiter tun? – Als ob er etwas getan hätte!

Marinelli. Und lassen Sie doch hören, gnädiger Herr, was Sie für sich selbst getan haben. – Sie waren so glücklich, sie noch in der Kirche zu sprechen. Was haben Sie mit ihr abgeredet?

Der Prinz *(höhnisch)*. Neugierde zur Genüge! – Die ich nur befriedigen muß. – Oh, es ging alles nach Wunsch. – Sie brauchen sich nicht weiter zu bemühen, mein allzu dienstfertiger Freund! –

Sie kam meinem Verlangen mehr als halbes Weges entgegen. Ich hätte sie nur gleich mitnehmen dürfen. *(Kalt und befehlend.)* Nun wissen Sie, was Sie wissen wollen – und können gehn!

Marinelli. Und können gehn! – Ja, ja, das ist das Ende vom Liede! und würd' es sein, gesetzt auch, ich wollte noch das Unmögliche versuchen. – Das Unmögliche sag ich? – So unmöglich wär' es nun wohl nicht; aber kühn! – Wenn wir die Braut in unserer Gewalt hätten, so stünd' ich dafür, daß aus der Hochzeit nichts werden sollte.

Der Prinz. Ei! wofür der Mann nicht alles stehen will! Nun dürft' ich ihm nur noch ein Kommando von meiner Leibwache geben, und er legte sich an der Landstraße damit in Hinterhalt und fiele selbst funfziger einen Wagen an, und riss' ein Mädchen heraus, das er im Triumphe mir zubrächte.

Marinelli. Es ist eher ein Mädchen mit Gewalt entführt worden, ohne daß es einer gewaltsamen Entführung ähnlich gesehen.

Der Prinz. Wenn Sie das zu machen wüßten, so würden Sie nicht erst lange davon schwatzen.

Marinelli. Aber für den Ausgang müßte man nicht stehen sollen. – Es könnten sich Unglücksfälle dabei ereignen –

Der Prinz. Und es ist meine Art, daß ich Leute Dinge verantworten lasse, wofür sie nicht können!

Marinelli. Also, gnädiger Herr – *(Man hört von weitem einen Schuß.)* Ha! was war das? – Hört' ich recht? – Hörten Sie nicht auch, gnädiger Herr, einen Schuß fallen? – Und da noch einen!

Der Prinz. Was ist das? was gibt's?

Marinelli. Was meinen Sie wohl? – Wie, wann ich tätiger wäre, als Sie glauben?

Der Prinz. Tätiger? – So sagen Sie doch –

Marinelli. Kurz: wovon ich gesprochen, geschieht.

Der Prinz. Ist es möglich?

Marinelli. Nur vergessen Sie nicht, Prinz, wessen Sie mich eben versichert. – Ich habe nochmals Ihr Wort – –

Der Prinz. Aber die Anstalten sind doch so –

Marinelli. Als sie nur immer sein können! – Die Ausführung ist Leuten anvertrauet, auf die ich mich verlassen kann. Der Weg geht hart an der Planke des Tiergartens vorbei. Da wird ein Teil den Wagen angefallen haben; gleichsam, um ihn zu plündern. Und ein anderer Teil, wobei einer von meinen Bedienten ist, wird aus dem Tiergarten gestürzt sein; den Angefallenen gleichsam zur Hülfe. Während des Handgemenges, in das beide Teile zum Schein geraten, soll mein Bedienter Emilien ergreifen, als ob er sie retten wolle, und durch den Tiergarten in das Schloß bringen. – So ist die Abrede. – Was sagen Sie nun, Prinz?

Der Prinz. Sie überraschen mich auf eine sonderbare Art. – Und eine Bangigkeit überfällt mich – *(Marinelli geht an das Fenster.)* Wornach sehen Sie?

Marinelli. Dahinaus muß es sein! – Recht! – und eine Maske kömmt bereits um die Planke gesprengt – ohne Zweifel, mir den Erfolg zu berichten. – Entfernen Sie sich, gnädiger Herr.

Der Prinz. Ah, Marinelli –

Marinelli. Nun? Nicht wahr, nun hab ich zu viel getan, und vorhin zu wenig?

Der Prinz. Das nicht. Aber ich sehe bei alledem nicht ab – –

Marinelli. Absehn? – Lieber alles mit eins! – Geschwind, entfernen Sie sich. – Die Maske muß Sie nicht sehen. *(Der Prinz gehet ab.)*

Zweiter Auftritt

Marinelli und bald darauf Angelo.

Marinelli *(der wieder nach dem Fenster geht)*. Dort fährt der Wagen langsam nach der Stadt zurück. – So langsam? Und in jedem Schlage ein Bedienter? – Das sind Anzeichen, die mir nicht gefallen – daß der Streich wohl nur halb gelungen ist: – daß man einen Verwundeten gemächlich zurückführet – und keinen Toten. – Die Maske steigt ab. – Es ist Angelo selbst. Der Tolldreiste! – Endlich, hier weiß er die Schliche. – Er winkt mir zu. Er muß seiner Sache gewiß sein. – Ha, Herr Graf, der Sie nicht nach Massa wollten, und nun noch einen weitern Weg müssen! – Wer hatte Sie die Affen so kennen gelehrt? *(Indem er nach der Türe zugeht.)* Jawohl sind sie hämisch. – Nun, Angelo?

Angelo *(der die Maske abgenommen)*. Passen Sie auf, Herr Kammerherr! Man muß sie gleich bringen.

Marinelli. Und wie lief es sonst ab?

Angelo. Ich denke ja, recht gut.

Marinelli. Wie steht es mit dem Grafen?

Angelo. Zu dienen! So, so! – Aber er muß Wind gehabt haben. Denn er war nicht so ganz unbereitet.

Marinelli. Geschwind sage mir, was du mir zu sagen hast! – Ist er tot?

Angelo. Es tut mir leid um den guten Herrn.

Marinelli. Nun da, für dein mitleidiges Herz! *(Gibt ihm einen Beutel mit Gold.)*

Angelo. Vollends mein braver Nicolo! der das Bad mit bezahlen müssen.

Marinelli. So? Verlust auf beiden Seiten?

Angelo. Ich könnte weinen um den ehrlichen Jungen! Ob mir sein Tod schon das *(indem er den Beutel in der Hand wieget)* um ein Vierteil verbessert. Denn ich bin sein Erbe, weil ich ihn gerächet habe. Das ist so unser Gesetz; ein so gutes, mein ich, als für Treu' und Freundschaft je gemacht worden. Dieser Nicolo, Herr Kammerherr –

Marinelli. Mit deinem Nicolo! – Aber der Graf, der Graf –

Angelo. Blitz! der Graf hatte ihn gut gefaßt. Dafür faßt' ich auch wieder den Grafen! – Er stürzte; und wenn er noch lebendig zurück in die Kutsche kam, so steh ich dafür, daß er nicht lebendig wieder herauskommt.

Marinelli. Wenn das nur gewiß ist, Angelo.

Angelo. Ich will Ihre Kundschaft verlieren, wenn es nicht gewiß ist! – Haben Sie noch was zu befehlen? Denn mein Weg ist der weiteste: wir wollen heute noch über die Grenze.

Marinelli. So geh.

Angelo. Wenn wieder was vorfällt, Herr Kammerherr – Sie wissen, wo ich zu erfragen bin. Was sich ein andrer zu tun getrauet, wird für mich auch keine Hexerei sein. Und billiger bin ich als jeder andere. *(Geht ab.)*

Marinelli. Gut das! – Aber doch nicht so recht gut. – Pfui, Angelo! so ein Knicker zu sein! Einen zweiten Schuß wäre er ja wohl noch wert gewesen. – Und wie er sich vielleicht nun martern muß, der arme Graf! – Pfui, Angelo! Das heißt sein Handwerk sehr grausam treiben – und verpfuschen. – Aber davon muß der Prinz noch nichts wissen. Er muß erst selbst finden, wie zuträglich ihm dieser Tod ist. – Dieser Tod! – Was gäb' ich um die Gewißheit! –

Dritter Auftritt

Der Prinz. Marinelli.

Der Prinz. Dort kömmt sie die Allee herauf. Sie eilet vor dem Bedienten her. Die Furcht, wie es scheinet, beflügelt ihre Füße. Sie muß noch nichts argwöhnen. Sie glaubt sich nur vor Räubern zu retten. – Aber wie lange kann das dauren?

Marinelli. So haben wir sie doch fürs erste.

Der Prinz. Und wird die Mutter sie nicht aufsuchen? Wird der Graf ihr nicht nachkommen? Was sind wir alsdenn weiter? Wie kann ich sie ihnen vorenthalten?

Marinelli. Auf das alles weiß ich freilich noch nichts zu antworten. Aber wir müssen sehen. Gedulden Sie sich, gnädiger Herr. Der erste Schritt mußte doch getan sein. –

Der Prinz. Wozu? wenn wir ihn zurücktun müssen.

Marinelli. Vielleicht müssen wir nicht. – Da sind tausend Dinge, auf die sich weiter fußen läßt. – Und vergessen Sie denn das Vornehmste?

Der Prinz. Wie kann ich vergessen, woran ich sicher noch nicht gedacht habe? – Das Vornehmste? was ist das?

Marinelli. Die Kunst zu gefallen, zu überreden – die einem Prinzen, welcher liebt, nie fehlet.

Der Prinz. Nie fehlet? Außer, wo er sie gerade am nötigsten brauchte. – Ich habe von dieser Kunst schon heut einen zu schlechten Versuch gemacht. Mit allen Schmeicheleien und Beteuerungen konnt' ich ihr auch nicht ein Wort auspressen. Stumm und niedergeschlagen und zitternd stand sie da; wie eine Verbrecherin, die ihr Todesurteil höret. Ihre Angst steckte mich an, ich zitterte mit und schloß mit einer Bitte um Vergebung. Kaum getrau ich mir, sie wieder anzureden. – Bei ihrem Eintritte wenigstens wag ich es nicht zu sein. Sie, Marinelli, müssen sie empfangen. Ich will hier in der Nähe hören, wie es abläuft; und kommen, wenn ich mich mehr gesammelt habe.

Vierter Auftritt

Marinelli, und bald darauf dessen Bedienter Battista mit Emilien.

Marinelli. Wenn sie ihn nicht selbst stürzen gesehen – Und das muß sie wohl nicht; da sie so fortgeeilet – Sie kömmt. Auch ich will nicht das erste sein, was ihr hier in die Augen fällt. *(Er zieht sich in einen Winkel des Saales zurück.)*

Battista. Nur hier herein, gnädiges Fräulein!

Emilia *(außer Atem)*. Ah! – Ah! – Ich danke Ihm, mein Freund – ich dank Ihm. – Aber Gott, Gott! wo bin ich? – Und so ganz allein? Wo bleibt meine Mutter? Wo blieb der Graf? – Sie kommen doch nach? mir auf dem Fuße nach?

Battista. Ich vermute.

Emilia. Er vermutet? Er weiß es nicht? Er sah sie nicht? – Ward nicht gar hinter uns geschossen? –

Battista. Geschossen? – Das wäre! –

Emilia. Ganz gewiß! Und das hat den Grafen oder meine Mutter getroffen. –

Battista. Ich will gleich nach ihnen ausgehen.

Emilia. Nicht ohne mich. – Ich will mit; ich muß mit: komm' Er, mein Freund!

Marinelli *(der plötzlich herzutritt, als ob er eben hereinkäme)*. Ah, gnädiges Fräulein! Was für ein Unglück, oder vielmehr, was für ein Glück – was für ein glückliches Unglück verschafft uns die Ehre –

Emilia *(stutzend)*. Wie? Sie hier, mein Herr? – Ich bin also wohl bei Ihnen? – Verzeihen Sie, Herr Kammerherr. Wir sind von Räubern ohnfern überfallen worden. Da kamen uns gute Leute zu Hilfe – und dieser ehrliche Mann hob mich aus dem Wagen und brachte mich hierher. – Aber ich erschrecke, mich allein gerettet zu sehen. Meine Mutter ist noch in der Gefahr. Hinter uns ward sogar geschossen. Sie ist vielleicht tot – und ich lebe? – Verzeihen Sie. Ich muß fort; ich muß wieder hin – wo ich gleich hätte bleiben sollen.

Marinelli. Beruhigen Sie sich, gnädiges Fräulein. Es stehet alles gut; sie werden bald bei Ihnen sein, die geliebten Personen, für die Sie so viel zärtliche Angst empfinden. – Indes, Battista, geh, lauf: sie dürften vielleicht nicht wissen, wo das Fräulein ist. Sie dürften sie vielleicht in einem von den Wirtschaftshäusern des Gartens suchen. Bringe sie unverzüglich hierher. *(Battista geht ab.)*

Emilia. Gewiß? Sind sie alle geborgen? Ist ihnen nichts widerfahren? – Ah, was ist dieser Tag für ein Tag des Schreckens für mich! – Aber ich sollte nicht hier bleiben – ich sollte ihnen entgegeneilen –

Marinelli. Wozu das, gnädiges Fräulein? Sie sind ohnedem schon ohne Atem und Kräfte. Erholen Sie sich vielmehr und geruhen in ein Zimmer zu treten, wo mehr Bequemlichkeit ist. – Ich will wetten, daß der Prinz schon selbst um Ihre teure, ehrwürdige Mutter ist und sie Ihnen zuführet.

Emilia. Wer, sagen Sie?

Marinelli. Unser gnädigster Prinz selbst.

Emilia *(äußerst bestürzt).* Der Prinz?

Marinelli. Er floh auf die erste Nachricht Ihnen zu Hülfe. – Er ist höchst ergrimmt, daß ein solches Verbrechen ihm so nahe, unter seinen Augen gleichsam, hat dürfen gewagt werden. Er läßt den Tätern nachsetzen, und ihre Strafe, wenn sie ergriffen werden, wird unerhört sein.

Emilia. Der Prinz! – Wo bin ich denn also?

Marinelli. Auf Dosalo, dem Lustschlosse des Prinzen.

Emilia. Welch ein Zufall! – Und Sie glauben, daß er gleich selbst erscheinen könne? – Aber doch in Gesellschaft meiner Mutter?

Marinelli. Hier ist er schon.

Fünfter Auftritt

Der Prinz. Emilia. Marinelli.

Der Prinz. Wo ist sie? wo? – Wir suchen Sie überall, schönstes Fräulein. – Sie sind doch wohl? – Nun so ist alles wohl! Der Graf, Ihre Mutter –

Emilia. Ah, gnädigster Herr! Wo sind sie? Wo ist meine Mutter?

Der Prinz. Nicht weit; hier ganz in der Nähe.

Emilia. Gott, in welchem Zustande werde ich die eine oder den andern vielleicht treffen! Ganz gewiß treffen! – denn Sie verhehlen mir, gnädiger Herr – ich seh es, Sie verhehlen mir –

Der Prinz. Nicht doch, bestes Fräulein. – Geben Sie mir Ihren Arm und folgen Sie mir getrost.

Emilia *(unentschlossen)*. Aber – wenn ihnen nichts widerfahren – wenn meine Ahnungen mich trügen: – warum sind sie nicht schon hier? Warum kamen sie nicht mit Ihnen, gnädiger Herr?

Der Prinz. So eilen Sie doch, mein Fräulein, alle diese Schreckenbilder mit eins verschwinden zu sehen.

Emilia. Was soll ich tun? *(Die Hände ringend.)*

Der Prinz. Wie, mein Fräulein? Sollten Sie einen Verdacht gegen mich hegen? –

Emilia *(die vor ihm niederfällt)*. Zu Ihren Füßen, gnädiger Herr –

Der Prinz *(sie aufhebend)*. Ich bin äußerst beschämt. – Ja, Emilia, ich verdiene diesen stummen Vorwurf. – Mein Betragen diesen Morgen ist nicht zu rechtfertigen: – zu entschuldigen höchstens. Verzeihen Sie meiner Schwachheit. – Ich hätte Sie mit keinem Geständnisse beunruhigen sollen, von dem ich keinen Vorteil zu erwarten habe. Auch ward ich durch die sprachlose Bestürzung, mit der Sie es anhörten, oder vielmehr nicht anhörten, genugsam bestraft. – Und könnt' ich schon diesen Zufall, der mir nochmals, ehe alle meine Hoffnung auf ewig verschwindet – mir nochmals das Glück, Sie zu sehen und zu sprechen, verschafft; könnt' ich schon diesen Zufall für den Wink eines günstigen Glückes erklären – für den wunderbarsten Aufschub meiner endlichen Verurteilung erklären, um nochmals um Gnade flehen zu dürfen: so will ich doch – beben Sie nicht, mein Fräulein – einzig und allein von

Ihrem Blicke abhangen. Kein Wort, kein Seufzer soll Sie beleidigen. – Nur kränke mich nicht Ihr Mißtrauen. Nur zweifeln Sie keinen Augenblick an der unumschränktesten Gewalt, die Sie über mich haben. Nur falle Ihnen nie bei, daß Sie eines andern Schutzes gegen mich bedürfen. – Und nun kommen Sie, mein Fräulein – kommen Sie, wo Entzückungen auf Sie warten, die Sie mehr billigen. *(Er führt sie, nicht ohne Sträuben, ab.)* Folgen Sie uns, Marinelli. –

Marinelli. Folgen Sie uns – das mag heißen: folgen Sie uns nicht! – Was hätte ich ihnen auch zu folgen? Er mag sehen, wie weit er es unter vier Augen mit ihr bringt. – Alles, was ich zu tun habe, ist – zu verhindern, daß sie nicht gestöret werden. Von dem Grafen zwar hoffe ich nun wohl nicht. Aber von der Mutter; von der Mutter! Es sollte mich sehr wundern, wenn die so ruhig abgezogen wäre und ihre Tochter im Stiche gelassen hätte. – Nun, Battista? was gibt's?

Sechster Auftritt

Battista. Marinelli.

Battista *(eiligst)*. Die Mutter, Herr Kammerherr –

Marinelli. Dacht' ich's doch! – Wo ist sie?

Battista. Wann Sie ihr nicht zuvorkommen, so wird sie den Augenblick hier sein. – Ich war gar nicht willens, wie Sie mir zum Schein geboten, mich nach ihr umzusehen: als ich ihr Geschrei von weitem hörte. Sie ist der Tochter auf der Spur, und wo nur nicht – unserm ganzen Anschlage! Alles, was in dieser einsamen Gegend von Menschen ist, hat sich um sie versammelt; und jeder will der sein, der ihr den Weg weiset. Ob man ihr schon gesagt, daß der

Prinz hier ist, daß Sie hier sind, weiß ich nicht. – Was wollen Sie tun?

Marinelli. Laß sehen! – *(Er überlegt.)* Sie nicht einlassen, wenn sie weiß, daß die Tochter hier ist? – Das geht nicht. – Freilich, sie wird Augen machen, wenn sie den Wolf bei dem Schäfchen sieht. – Augen? Das möchte noch sein. Aber der Himmel sei unsern Ohren gnädig! – Nun was? die beste Lunge erschöpft sich, auch sogar eine weibliche. Sie hören alle auf zu schreien, wenn sie nicht mehr können. – Dazu, es ist doch einmal die Mutter, die wir auf unserer Seite haben müssen. – Wenn ich die Mütter recht kenne – so etwas von einer Schwiegermutter eines Prinzen zu sein, schmeichelt die meisten. – Laß sie kommen, Battista, laß sie kommen!

Battista. Hören Sie! hören Sie!

Claudia Galotti *(innerhalb)*. Emilia! Emilia! Mein Kind, wo bist du?

Marinelli. Geh, Battista, und suche nur ihre neugierigen Begleiter zu entfernen.

Siebenter Auftritt

Claudia Galotti. Battista. Marinelli.

Claudia *(die in die Tür tritt, indem Battista herausgehen will)*. Ha! der hob sie aus dem Wagen! Der führte sie fort! Ich erkenne dich. Wo ist sie? Sprich, Unglücklicher!

Battista. Das ist mein Dank?

Claudia. Oh, wenn du Dank verdienest *(in einem gelinden Tone)* – so verzeihe mir, ehrlicher Mann! – Wo ist sie? – Laßt mich sie nicht länger entbehren. Wo ist sie?

Battista. Oh, Ihre Gnaden, sie könnte in dem Schoße der Seligkeit nicht aufgehobner sein. – Hier mein Herr wird Ihre Gnaden zu ihr führen. *(Gegen einige Leute, die nachdringen wollen.)* Zurück da! ihr!

Achter Auftritt

Claudia Galotti. Marinelli.

Claudia. Dein Herr? – *(Erblickt den Marinelli und fährt zurück.)* Ha! – Das dein Herr? – Sie hier, mein Herr? Und hier meine Tochter? Und Sie, Sie sollen mich zu ihr führen?

Marinelli. Mit vielem Vergnügen, gnädige Frau.

Claudia. Halten Sie! – Eben fällt mir es bei – Sie waren es ja – nicht? – der den Grafen diesen Morgen in meinem Hause aufsuchte? mit dem ich ihn allein ließ? mit dem er Streit bekam?

Marinelli. Streit? – Was ich nicht wüßte: ein unbedeutender Wortwechsel in herrschaftlichen Angelegenheiten –

Claudia. Und Marinelli heißen Sie?

Marinelli. Marchese Marinelli.

Claudia. So ist es richtig. – Hören Sie doch, Herr Marchese. – Marinelli war – der Name Marinelli war – begleitet mit einer Verwünschung – Nein, daß ich den edeln Mann nicht verleumde! – begleitet mit keiner Verwünschung – Die Verwünschung denk ich hinzu – Der Name Marinelli war das letzte Wort des sterbenden Grafen.

Marinelli. Des sterbenden Grafen? Grafen Appiani? – Sie hören, gnädige Frau, was mir in Ihrer seltsamen Rede am meisten auffällt. – Des sterbenden Grafen? – Was Sie sonst sagen wollen, versteh ich nicht.

Claudia *(bitter und langsam)*. Der Name Marinelli war das letzte Wort des sterbenden Grafen! – Verstehen Sie nun? – Ich verstand es erst auch nicht, obschon mit einem Tone gesprochen – mit einem Tone! – Ich höre ihn noch! Wo waren meine Sinne, daß sie diesen Ton nicht sogleich verstanden?

Marinelli. Nun, gnädige Frau? – Ich war von jeher des Grafen Freund; sein vertrautester Freund. Also, wenn er mich noch im Sterben nannte –

Claudia. Mit dem Tone? – Ich kann ihn nicht nachmachen; ich kann ihn nicht beschreiben: aber er enthielt alles! alles! – Was? Räuber wären es gewesen, die uns anfielen? – Mörder waren es; erkaufte Mörder! – Und Marinelli, Marinelli war das letzte Wort des sterbenden Grafen! Mit einem Tone!

Marinelli. Mit einem Tone? – Ist es erhört, auf einen Ton, in einem Augenblicke des Schreckens vernommen, die Anklage eines rechtschaffnen Mannes zu gründen?

Claudia. Ha, könnt' ich ihn nur vor Gerichte stellen, diesen Ton! – Doch, weh mir! Ich vergesse darüber meine Tochter. – Wo ist sie? – Wie? auch tot? – Was konnte meine Tochter dafür, daß Appiani dein Feind war?

Marinelli. Ich verzeihe der bangen Mutter. – Kommen Sie, gnädige Frau – Ihre Tochter ist hier; in einem von den nächsten Zimmern, und hat sich hoffentlich von ihrem Schrecken schon völlig erholt. Mit der zärtlichsten Sorgfalt ist der Prinz selbst um sie beschäftiget –

Claudia. Wer? – Wer selbst?

Marinelli. Der Prinz.

Claudia. Der Prinz? – Sagen Sie wirklich der Prinz? – Unser Prinz?

Marinelli. Welcher sonst?

Claudia. Nun dann! – Ich unglückselige Mutter! – Und ihr Vater! ihr Vater! – Er wird den Tag ihrer Geburt verfluchen. Er wird mich verfluchen.

Marinelli. Um des Himmels willen, gnädige Frau! Was fällt Ihnen nun ein?

Claudia. Es ist klar! – Ist es nicht? – Heute im Tempel! vor den Augen der Allerreinesten! in der nähern Gegenwart des Ewigen! – begann das Bubenstück, da brach es aus! *(Gegen den Marinelli.)* Ha, Mörder! feiger, elender Mörder! Nicht tapfer genug, mit eigner Hand zu morden, aber nichtswürdig genug, zu Befriedigung eines fremden Kitzels zu morden! – morden zu lassen! – Abschaum aller Mörder! – Was ehrliche Mörder sind, werden dich unter sich nicht dulden! Dich! Dich! – Denn warum soll ich dir nicht alle meine Galle, allen meinen Geifer mit einem einzigen Worte ins Gesicht speien? – Dich! Dich Kuppler!

Marinelli. Sie schwärmen, gute Frau. – Aber mäßigen Sie wenigstens Ihr wildes Geschrei, und bedenken Sie, wo Sie sind.

Claudia. Wo ich bin? Bedenken, wo ich bin? – Was kümmert es die Löwin, der man die Jungen geraubt, in wessen Walde sie brüllet?

Emilia *(innerhalb)*. Ha, meine Mutter! Ich höre meine Mutter!

Claudia. Ihre Stimme? Das ist sie! Sie hat mich gehört, sie hat mich gehört. Und ich sollte nicht schreien? – Wo bist du, mein Kind? Ich komme, ich komme! *(Sie stürzt in das Zimmer und Marinelli ihr nach.)*

Vierter Aufzug

Die Szene bleibt.

Erster Auftritt

Der Prinz. Marinelli.

Der Prinz *(als aus dem Zimmer von Emilien kommend)*. Kommen Sie, Marinelli! Ich muß mich erholen – und muß Licht von Ihnen haben.

Marinelli. O der mütterlichen Wut! Ha! ha! ha!

Der Prinz. Sie lachen?

Marinelli. Wenn Sie gesehen hätten, Prinz, wie toll sich hier, hier im Saale, die Mutter gebärdete – Sie hörten sie ja wohl schreien! – und wie zahm sie auf einmal ward, bei dem ersten Anblicke von Ihnen – – Ha! ha! – Das weiß ich ja wohl, daß keine Mutter einem Prinzen die Augen auskratzt, weil er ihre Tochter schön findet.

Der Prinz. Sie sind ein schlechter Beobachter! – Die Tochter stürzte der Mutter ohnmächtig in die Arme. Darüber vergaß die Mutter ihre Wut, nicht über mir. Ihre Tochter schonte sie, nicht mich, wenn sie es nicht lauter, nicht deutlicher sagte – was ich lieber selbst nicht gehört, nicht verstanden haben will.

Marinelli. Was, gnädiger Herr?

Der Prinz. Wozu die Verstellung? – Heraus damit. Ist es wahr? oder ist es nicht wahr?

Marinelli. Und wenn es denn wäre!

Der Prinz. Wenn es denn wäre? – Also ist es? – Er ist tot? tot? – *(Drohend.)* Marinelli! Marinelli!

Marinelli. Nun?

Der Prinz. Bei Gott! Bei dem allgerechten Gott! Ich bin unschuldig an diesem Blute. – Wenn Sie mir vorher gesagt hätten, daß es dem Grafen das Leben kosten werde – Nein, nein! und wenn es mir selbst das Leben gekostet hätte! –

Marinelli. Wenn ich Ihnen vorher gesagt hätte? – Als ob sein Tod in meinem Plane gewesen wäre! Ich hatte es dem Angelo auf die Seele gebunden, zu verhüten, daß niemanden Leides geschähe. Es würde auch ohne die geringste Gewalttätigkeit abgelaufen sein, wenn sich der Graf nicht die erste erlaubt hätte. Er schoß Knall und Fall den einen nieder.

Der Prinz. Wahrlich, er hätte sollen Spaß verstehen!

Marinelli. Daß Angelo sodann in Wut kam und den Tod seines Gefährten rächte –

Der Prinz. Freilich, das ist sehr natürlich!

Marinelli. Ich hab es ihm genug verwiesen.

Der Prinz. Verwiesen? Wie freundschaftlich! – Warnen Sie ihn, daß er sich in meinem Gebiete nicht betreten läßt. Mein Verweis möchte so freundschaftlich nicht sein.

Marinelli. Recht wohl! – Ich und Angelo, Vorsatz und Zufall: alles ist eins. – Zwar ward es voraus bedungen, zwar ward es voraus versprochen, daß keiner der Unglücksfälle, die sich dabei ereignen könnten, mir zuschulden kommen solle –

Der Prinz. Die sich dabei ereignen – könnten, sagen Sie? oder sollten?

Marinelli. Immer besser! – Doch, gnädiger Herr – ehe Sie mir es mit dem trocknen Worte sagen, wofür Sie mich halten – eine einzige Vorstellung! Der Tod des Grafen ist mir nichts weniger als gleichgültig. Ich hatte ihn ausgefodert; er war mir Genugtuung schuldig, er ist ohne diese aus der Welt gegangen, und meine Ehre bleibt beleidiget. Gesetzt, ich verdiente unter jeden andern Umständen den Verdacht, den Sie gegen mich hegen, aber auch unter diesen? – *(Mit einer angenommenen Hitze.)* Wer das von mir denken kann! –

Der Prinz *(nachgebend)*. Nun gut, nun gut –

Marinelli. Daß er noch lebtet . O daß er noch lebte! Alles, alles in der Welt wollte ich darum geben – *(bitter)* selbst die Gnade meines Prinzen – diese unschätzbare, nie zu verscherzende Gnade – wollt' ich drum geben!

Der Prinz. Ich verstehe. – Nun gut, nun gut. Sein Tod war Zufall, bloßer Zufall. Sie versichern es; und ich, ich glaub es. – Aber wer mehr? Auch die Mutter? Auch Emilia? – Auch die Welt?

Marinelli *(kalt)*. Schwerlich.

Der Prinz. Und wenn man es nicht glaubt, was wird man denn glauben? – Sie zucken die Achsel? – Ihren Angelo wird man für das Werkzeug und mich für den Täter halten –

Marinelli *(noch kälter)*. Wahrscheinlich genug.

Der Prinz. Mich! mich selbst! – Oder ich muß von Stund' an alle Absicht auf Emilien aufgeben –

Marinelli *(höchst gleichgültig)*. Was Sie auch gemußt hätten – wenn der Graf noch lebte. –

Der Prinz *(heftig, aber sich gleich wieder fassend)*. Marinelli! – Doch Sie sollen mich nicht wild machen. – Es sei so – Es ist so! Und das wollen Sie doch nur sagen: der Tod des Grafen ist für mich ein Glück – das größte Glück, was mir begegnen konnte – das einzige

Glück, was meiner Liebe zustatten kommen konnte. Und als dieses – mag er doch geschehen sein, wie er will! – Ein Graf mehr in der Welt oder weniger! Denke ich Ihnen so recht? – Topp! auch ich erschrecke vor einem kleinen Verbrechen nicht. Nur, guter Freund, muß es ein kleines Verbrechen, ein kleines stilles, heilsames Verbrechen sein. Und sehen Sie, unseres da, wäre nun gerade weder stille noch heilsam. Es hätte den Weg zwar gereiniget, aber zugleich gesperrt. Jedermann würde es uns auf den Kopf zusagen – und leider hätten wir es gar nicht einmal begangen! – Das liegt doch wohl nur bloß an Ihren weisen, wunderbaren Anstalten?

Marinelli. Wenn Sie so befehlen –

Der Prinz. Woran sonst? – Ich will Rede!

Marinelli. Es kömmt mehr auf meine Rechnung, was nicht darauf gehört.

Der Prinz. Rede will ich!

Marinelli. Nun dann! Was läge an meinen Anstalten? daß den Prinzen bei diesem Unfalle ein so sichtbarer Verdacht trifft? – An dem Meisterstreiche liegt das, den er selbst meinen Anstalten mit einzumengen die Gnade hatte.

Der Prinz. Ich?

Marinelli. Er erlaube mir, ihm zu sagen, daß der Schritt, den er heute morgen in der Kirche getan – mit so vielem Anstande er ihn auch getan – so unvermeidlich er ihn auch tun mußte –, daß dieser Schritt dennoch nicht in den Tanz gehörte.

Der Prinz. Was verdarb er denn auch?

Marinelli. Freilich nicht den ganzen Tanz, aber doch voritzo den Takt.

Der Prinz. Hm! Versteh ich Sie?

Marinelli. Also, kurz und einfältig. Da ich die Sache übernahm, nicht wahr, da wußte Emilia von der Liebe des Prinzen noch nichts? Emiliens Mutter noch weniger. Wenn ich nun auf diesen Umstand baute? und der Prinz indes den Grund meines Gebäudes untergrub?

Der Prinz *(sich vor die Stirne schlagend)*. Verwünscht!

Marinelli. Wenn er es nun selbst verriet, was er im Schilde führe?

Der Prinz. Verdammter Einfall!

Marinelli. Und wenn er es nicht selbst verraten hätte? – Traun! Ich möchte doch wissen, aus welcher meiner Anstalten Mutter oder Tochter den geringsten Argwohn gegen ihn schöpfen könnte?

Der Prinz. Daß Sie recht haben!

Marinelli. Daran tu ich freilich sehr unrecht – Sie werden verzeihen, gnädiger Herr –

Zweiter Auftritt

Battista. Der Prinz. Marinelli.

Battista *(eiligst)*. Eben kömmt die Gräfin an.

Der Prinz. Die Gräfin? Was für eine Gräfin?

Battista. Orsina.

Der Prinz. Orsina? – Marinelli! – Orsina? – Marinelli!

Marinelli. Ich erstaune darüber nicht weniger als Sie selbst.

Der Prinz. Geh, lauf, Battista: Sie soll nicht aussteigen. Ich bin nicht hier. Ich bin für sie nicht hier. Sie soll augenblicklich wieder umkehren. Geh, lauf! – *(Battista geht ab.)* Was will die Närrin? Was untersteht sie sich? Wie weiß sie, daß wir hier sind? Sollte sie wohl auf Kundschaft kommen? Sollte sie wohl schon etwas vernommen haben? – Ah, Marinelli! So reden Sie, so antworten Sie doch! – Ist er beleidiget, der Mann, der mein Freund sein will? Und durch einen elenden Wortwechsel beleidiget? Soll ich ihn um Verzeihung bitten?

Marinelli. Ah, mein Prinz, sobald Sie wieder Sie sind, bin ich mit ganzer Seele wieder der Ihrige! – Die Ankunft der Orsina ist mir ein Rätsel wie Ihnen. Doch abweisen wird sie schwerlich sich lassen. Was wollen Sie tun?

Der Prinz. Sie durchaus nicht sprechen, mich entfernen –

Marinelli. Wohl! und nur geschwind. Ich will sie empfangen –

Der Prinz. Aber bloß, um sie gehen zu heißen. – Weiter geben Sie mit ihr sich nicht ab. Wir haben andere Dinge hier zu tun –

Marinelli. Nicht doch, Prinz! Diese andern Dinge sind getan. Fassen Sie doch Mut! Was noch fehlt, kömmt sicherlich von selbst. – Aber hör ich sie nicht schon? – Eilen Sie, Prinz! – Da *(auf ein Kabinett zeigend, in welches sich der Prinz begibt)*, wenn Sie wollen, werden Sie uns hören können. – Ich fürchte, ich fürchte, sie ist nicht zu ihrer besten Stunde ausgefahren.

Dritter Auftritt

Die Gräfin Orsina. Marinelli.

Orsina *(ohne den Marinelli anfangs zu erblicken)*. Was ist das? – Niemand kömmt mir entgegen, außer ein Unverschämter, der mir lieber gar den Eintritt verweigert hätte? – Ich bin doch zu Dosalo? Zu dem Dosalo, wo mir sonst ein ganzes Heer geschäftiger Augendiener entgegenstürzte? wo mich sonst Liebe und Entzücken erwarteten? – Der Ort ist es, aber, aber! – Sieh da, Marinelli! –

Recht gut, daß der Prinz Sie mitgenommen. – Nein, nicht gut! Was ich mit ihm auszumachen hätte, hätte ich nur mit ihm auszumachen. – Wo ist er?

Marinelli. Der Prinz, meine gnädige Gräfin?

Orsina. Wer sonst?

Marinelli. Sie vermuten ihn also hier? wissen ihn hier? – Er wenigstens ist der Gräfin Orsina hier nicht vermutend.

Orsina. Nicht? So hat er meinen Brief heute morgen nicht erhalten?

Marinelli. Ihren Brief? Doch ja, ich erinnere mich, daß er eines Briefes von Ihnen erwähnte.

Orsina. Nun? habe ich ihn nicht in diesem Briefe auf heute um eine Zusammenkunft hier auf Dosalo gebeten? – Es ist wahr, es hat ihm nicht beliebet, mir schriftlich zu antworten. Aber ich erfuhr, daß er eine Stunde darauf wirklich nach Dosalo abgefahren. Ich glaubte, das sei Antworts genug, und ich komme.

Marinelli. Ein sonderbarer Zufall!

Orsina. Zufall? – Sie hören ja, daß es verabredet worden. So gut als verabredet. Von meiner Seite der Brief, von seiner die Tat. – Wie er dasteht, der Herr Marchese! Was er für Augen macht! Wundert sich das Gehirnchen? und worüber denn?

Marinelli. Sie schienen gestern so weit entfernt, dem Prinzen jemals wieder vor die Augen zu kommen.

Orsina. Beßrer Rat kömmt über Nacht. – Wo ist er? wo ist er? – Was gilt's, er ist in dem Zimmer, wo ich das Gequieke, das Gekreische hörte? – Ich wollte herein, und der Schurke von Bedienten trat vor.

Marinelli. Meine liebste, beste Gräfin –

Orsina. Es war ein weibliches Gekreische. Was gilt's, Marinelli? – O sagen Sie mir doch, sagen Sie mir – wenn ich anders Ihre liebste, beste Gräfin bin – Verdammt, über das Hofgeschmeiß! Soviel Worte, soviel Lügen! Nun, was liegt daran, ob Sie mir es voraussagen oder nicht? Ich werd es ja wohl sehen. *(Will gehen.)*

Marinelli *(der sie zurückhält)*. Wohin?

Orsina. Wo ich längst sein sollte. – Denken Sie, daß es schicklich ist, mit Ihnen hier in dem Vorgemache einen elenden Schnickschnack zu halten, indes der Prinz in dem Gemache auf mich wartet?

Marinelli. Sie irren sich, gnädige Gräfin. Der Prinz erwartet Sie nicht. Der Prinz kann Sie hier nicht sprechen – will Sie nicht sprechen.

Orsina. Und wäre doch hier? und wäre doch auf meinen Brief hier?

Marinelli. Nicht auf Ihren Brief –

Orsina. Den er ja erhalten, sagen Sie –

Marinelli. Erhalten, aber nicht gelesen.

Orsina *(heftig)*. Nicht gelesen? – *(Minder heftig.)* Nicht gelesen? – *(Wehmütig und eine Träne aus dem Auge wischend.)* Nicht einmal gelesen?

Marinelli. Aus Zerstreuung, weiß ich – Nicht aus Verachtung.

Orsina *(stolz)*. Verachtung? – Wer denkt daran? – Wem brauchen Sie das zu sagen? – Sie sind ein unverschämter Tröster, Marinelli! – Verachtung! Verachtung! Mich verachtet man auch! mich! – *(Gelinder, bis zum Tone der Schwermut.)* Freilich liebt er mich nicht mehr. Das ist ausgemacht. Und an die Stelle der Liebe trat in seiner Seele etwas anders. Das ist natürlich. Aber warum denn eben Verachtung? Es braucht ja nur Gleichgültigkeit zu sein. Nicht wahr, Marinelli?

Marinelli. Allerdings, allerdings.

Orsina *(höhnisch)*. Allerdings? – O des weisen Mannes, den man sagen lassen kann, was man will! – Gleichgültigkeit! Gleichgültigkeit an die Stelle der Liebe? – Das heißt, nichts an die Stelle von etwas. Denn lernen Sie, nachplauderndes Hofmännchen, lernen Sie von einem Weibe, daß Gleichgültigkeit ein leeres Wort, ein bloßer Schall ist, dem nichts, gar nichts entspricht. Gleichgültig ist die Seele nur gegen das, woran sie nicht denkt; nur gegen ein Ding, das für sie kein Ding ist. Und nur gleichgültig für ein Ding, das kein Ding ist – das ist soviel als gar nicht gleichgültig. – Ist dir das zu hoch, Mensch?

Marinelli *(vor sich)*. O weh! wie wahr ist es, was ich fürchtete!

Orsina. Was murmeln Sie da?

Marinelli. Lauter Bewunderung! – Und wem ist es nicht bekannt, gnädige Gräfin, daß Sie eine Philosophin sind?

Orsina. Nicht wahr? – Ja, ja, ich bin eine. – Aber habe ich mir es itzt merken lassen, daß ich eine bin? – O pfui, wenn ich mir es habe merken lassen, und wenn ich mir es öfterer habe merken lassen! Ist es wohl noch Wunder, daß mich der Prinz verachtet? Wie kann ein Mann ein Ding lieben, das, ihm zum Trotze, auch denken will? Ein Frauenzimmer, das denkt, ist ebenso ekel als ein Mann, der sich schminket. Lachen soll es, nichts als lachen, um immerdar den gestrengen Herrn der Schöpfung bei guter Laune zu erhalten. – Nun, worüber lach ich denn gleich, Marinelli? – Ach, jawohl! Über den Zufall! daß ich dem Prinzen schreibe, er soll nach

Dosalo kommen; daß der Prinz meinen Brief nicht lieset und daß er doch nach Dosalo kömmt. Ha! ha! ha! Wahrlich ein sonderbarer Zufall! Sehr lustig, sehr närrisch! – Und Sie lachen nicht mit, Marinelli? – Mitlachen kann ja wohl der gestrenge Herr der Schöpfung, ob wir arme Geschöpfe gleich nicht mitdenken dürfen. – *(Ernsthaft und befehlend.)* So lachen Sie doch!

Marinelli. Gleich, gnädige Gräfin, gleich!

Orsina. Stock! Und darüber geht der Augenblick vorbei. Nein, nein, lachen Sie nur nicht. – Denn sehen Sie, Marinelli, *(nachdenkend bis zur Rührung)* was mich so herzlich zu lachen macht, das hat auch seine ernsthafte – sehr ernsthafte Seite. Wie alles in der Welt! – Zufall? Ein Zufall wär' es, daß der Prinz nicht daran gedacht, mich hier zu sprechen, und mich doch hier sprechen muß? Ein Zufall? – Glauben Sie mir, Marinelli: das Wort Zufall ist Gotteslästerung. Nichts unter der Sonne ist Zufall – am wenigsten das, wovon die Absicht so klar in die Augen leuchtet. – Allmächtige, allgütige Vorsicht, vergib mir, daß ich mit diesem albernen Sünder einen Zufall genennet habe, was so offenbar dein Werk, wohl gar dein unmittelbares Werk ist! – *(Hastig gegen Marinelli.)* Kommen Sie mir und verleiten Sie mich noch einmal zu so einem Frevel!

Marinelli *(vor sich)*. Das geht weit! – Aber gnädige Gräfin

Orsina. Still mit dem Aber! Die Aber kosten Überlegung – und mein Kopf! mein Kopf! *(Sich mit der Hand die Stirne haltend.)* – Machen Sie, Marinelli, machen Sie, daß ich ihn bald spreche, den Prinzen; sonst bin ich es wohl gar nicht imstande. – Sie sehen, wir sollen uns sprechen, wir müssen uns sprechen.

Vierter Auftritt

Der Prinz. Orsina. Marinelli.

Der Prinz *(indem er aus dem Kabinette tritt, vor sich)*. Ich muß ihm zu Hilfe kommen

Orsina *(die ihn erblickt, aber unentschlüssig bleibt, ob sie auf ihn zugeben soll)*. Ha! da ist er.

Der Prinz *(geht quer über den Saal, bei ihr vorbei, nach den andern Zimmern, ohne sich im Reden aufzuhalten)*. Sieh da! unsere schöne Gräfin. – Wie sehr bedaure ich, Madame, daß ich mir die Ehre Ihres Besuchs für heute so wenig zunutze machen kann! Ich bin beschäftiget. Ich bin nicht allein. – Ein andermal, meine liebe Gräfin! Ein andermal. – Itzt halten Sie länger sich nicht auf. Ja nicht länger! – Und Sie, Marinelli, ich erwarte Sie.

Fünfter Auftritt

Orsina. Marinelli.

Marinelli. Haben Sie es, gnädige Gräfin, nun von ihm selbst gehört, was Sie mir nicht glauben wollen?

Orsina *(wie betäubt)*. Hab ich? hab ich wirklich?

Marinelli. Wirklich.

Orsina *(mit Rührung)*. „Ich bin beschäftiget. Ich bin nicht allein." Ist das die Entschuldigung ganz, die ich wert bin? Wen weiset man damit nicht ab? Jeden Überlästigen, jeden Bettler. Für mich keine einzige Lüge mehr? Keine einzige kleine Lüge mehr, für mich? – Beschäftiget? womit denn? Nicht allein? wer wäre denn bei ihm? – Kommen Sie, Marinelli; aus Barmherzigkeit, lieber Marinelli! Lügen Sie mir eines auf eigene Rechnung vor. Was kostet Ihnen denn eine Lüge? – Was hat er zu tun? Wer ist bei ihm? – Sagen Sie mir, sagen Sie mir, was Ihnen zuerst in den Mund kömmt – und ich gehe.

Marinelli *(vor sich)*. Mit dieser Bedingung kann ich ihr ja wohl einen Teil der Wahrheit sagen.

Orsina. Nun? Geschwind, Marinelli, und ich gehe. – Er sagte ohnedem, der Prinz: „Ein andermal, meine liebe Gräfin!" Sagte er nicht so? – Damit er mir Wort hält, damit er keinen Vorwand hat, mir nicht Wort zu halten: geschwind, Marinelli, Ihre Lüge, und ich gehe.

Marinelli. Der Prinz, liebe Gräfin, ist wahrlich nicht allein. Es sind Personen bei ihm, von denen er sich keinen Augenblick abmüßigen kann; Personen, die eben einer großen Gefahr entgangen sind. Der Graf Appiani

Orsina. Wäre bei ihm? – Schade, daß ich über diese Lüge Sie ertappen muß. Geschwind eine andere. – Denn Graf Appiani, wenn Sie es noch nicht wissen, ist eben von Räubern erschossen worden. Der Wagen mit seinem Leichname begegnete mir kurz vor der Stadt. – Oder ist er nicht? Hätte es mir bloß geträumt?

Marinelli. Leider nicht bloß geträumt! – Aber die andern, die mit dem Grafen waren, haben sich glücklich hieher nach dem Schlosse gerettet: seine Braut nämlich und die Mutter der Braut, mit welchen er nach Sabionetta zu seiner feierlichen Verbindung fahren wollte.

Orsina. Also die? Die sind bei dem Prinzen? Die Braut? und die Mutter der Braut? – Ist die Braut schön?

Marinelli. Dem Prinzen geht ihr Unfall ungemein nahe.

Orsina. Ich will hoffen, auch wenn sie häßlich wäre. Denn ihr Schicksal ist schrecklich. – Armes gutes Mädchen, eben da er dein auf immer werden sollte, wird er dir auf immer entrissen! – Wer ist sie denn, diese Braut? Kenn ich sie gar? – Ich bin so lange aus der Stadt, daß ich von nichts weiß.

Marinelli. Es ist Emilia Galotti.

Orsina. Wer? – Emilia Galotti? Emilia Galotti? – Marinelli! daß ich diese Lüge nicht für Wahrheit nehme!

Marinelli. Wieso?

Orsina. Emilia Galotti?

Marinelli. Die Sie schwerlich kennen werden –

Orsina. Doch! doch! Wenn es auch nur von heute wäre. – Im Ernst, Marinelli? Emilia Galotti? – Emilia Galotti wäre die unglückliche Braut, die der Prinz tröstet?

Marinelli *(vor sich)*. Sollte ich ihr schon zuviel gesagt haben?

Orsina. Und Graf Appiani war der Bräutigam dieser Braut? der eben erschossene Appiani?

Marinelli. Nicht anders.

Orsina. Bravo! o bravo! bravo! *(In die Hände schlagend.)*

Marinelli. Wie das?

Orsina. Küssen möcht' ich den Teufel, der ihn dazu verleitet hat!

Marinelli. Wen? verleitet? wozu?

Orsina. Ja, küssen, küssen möcht' ich ihn – Und wenn Sie selbst dieser Teufel wären, Marinelli.

Marinelli. Gräfin!

Orsina. Kommen Sie her! Sehen Sie mich an! steif an! Aug' in Auge!

Marinelli. Nun?

Orsina. Wissen Sie nicht, was ich denke?

Marinelli. Wie kann ich das?

Orsina. Haben Sie keinen Anteil daran?

Marinelli. Woran?

Orsina. Schwören Sie! – Nein, schwören Sie nicht. Sie möchten eine Sünde mehr begehen. – Oder ja, schwören Sie nur. Eine Sünde mehr oder weniger für einen, der doch verdammt ist! – Haben Sie keinen Anteil daran?

Marinelli. Sie erschrecken mich, Gräfin.

Orsina. Gewiß? – Nun, Marinelli, argwohnet Ihr gutes Herz auch nichts?

Marinelli. Was? worüber?

Orsina. Wohl – so will ich Ihnen etwas vertrauen – etwas, das Ihnen jedes Haar auf dem Kopfe zu Berge sträuben soll. – Aber hier, so nahe an der Türe, möchte uns jemand hören. Kommen Sie hierher! – Und! *(Indem sie den Finger auf den Mund legt)* Hören Sie! ganz in geheim! ganz in geheim! *(und ihren Mund seinem Ohre nähert, als ob sie ihm zuflüstern wollte, was sie aber sehr laut ihm zuschreiet.)* Der Prinz ist ein Mörder!

Marinelli. Gräfin – Gräfin – sind Sie ganz von Sinnen?

Orsina. Von Sinnen? Ha! ha! ha! *(Aus vollem Halse lachend.)* Ich bin selten oder nie mit meinem Verstande so wohl zufrieden gewesen als eben itzt. – Zuverlässig, Marinelli – aber es bleibt unter uns – *(leise)* der Prinz ist ein Mörder! des Grafen Appiani Mörder! – Den haben nicht Räuber, den haben Helfershelfer des Prinzen, den hat der Prinz umgebracht!

Marinelli. Wie kann Ihnen so eine Abscheulichkeit in den Mund, in die Gedanken kommen?

Orsina. Wie? – Ganz natürlich. – Mit dieser Emilia Galotti – die hier bei ihm ist – deren Bräutigam so über Hals über Kopf sich aus der Welt trollen müssen – mit dieser Emilia Galotti hat der Prinz heute morgen, in der Halle bei den Dominikanern, ein Langes und Breites gesprochen. Das weiß ich, das haben meine Kundschafter gesehen. Sie haben auch gehört, was er mit ihr gesprochen – Nun, guter Herr? Bin ich von Sinnen? Ich reime, dächt' ich, doch noch ziemlich zusammen, was zusammen gehört. – Oder trifft auch das nur so von ungefähr zu? Ist Ihnen auch das Zufall? Oh, Marinelli, so verstehen Sie auf die Bosheit der Menschheit sich ebenso schlecht als auf die Vorsicht.

Marinelli. Gräfin, Sie würden sich um den Hals reden

Orsina. Wenn ich das mehrern sagte? – Desto besser, desto besser! – Morgen will ich es auf dem Markte ausrufen. – Und wer mir widerspricht – wer mir widerspricht, der war des Mörders Spießgeselle. – Leben Sie wohl. *(Indem sie fortgehen will, begegnet sie an der Türe dem alten Galotti, der eiligst hereintritt.)*

Sechster Auftritt

Odoardo Galotti. Die Gräfin. Marinelli.

Odoardo Galotti. Verzeihen Sie, gnädige Frau –

Orsina. Ich habe hier nichts zu verzeihen. Denn ich habe hier nichts übelzunehmen – An diesen Herrn wenden Sie sich. *(Ihn nach dem Marinelli weisend.)*

Marinelli *(indem er ihn erblicket, vor sich)*. Nun vollends! der Alte! –

Odoardo. Vergeben Sie, mein Herr, einem Vater, der in der äußersten Bestürzung ist – daß er so unangemeldet hereintritt.

Orsina. Vater? *(Kehrt wieder um.)* Der Emilia, ohne Zweifel. – Ha, willkommen!

Odoardo. Ein Bedienter kam mir entgegengesprengt, mit der Nachricht, daß hierherum die Meinigen in Gefahr wären. Ich fliege herzu und höre, daß der Graf Appiani verwundet worden, daß er nach der Stadt zurückgekehret, daß meine Frau und Tochter sich in das Schloß gerettet. – Wo sind sie, mein Herr? wo sind sie?

Marinelli. Sein Sie ruhig, Herr Oberster. Ihrer Gemahlin und Ihrer Tochter ist nichts Übels widerfahren, den Schreck ausgenommen. Sie befinden sich beide wohl. Der Prinz ist bei ihnen. Ich gehe sogleich, Sie zu melden.

Odoardo. Warum melden? erst melden?

Marinelli. Aus Ursachen – von wegen – Von wegen des Prinzen. Sie wissen, Herr Oberster, wie Sie mit dem Prinzen stehen. Nicht auf dem freundschaftlichsten Fuße. So gnädig er sich gegen Ihre Gemahlin und Tochter bezeiget – es sind Damen – Wird darum auch Ihr unvermuteter Anblick ihm gelegen sein?

Odoardo. Sie haben recht, mein Herr, Sie haben redet.

Marinelli. Aber, gnädige Gräfin – kann ich vorher die Ehre haben, Sie nach Ihrem Wagen zu begleiten?

Orsina. Nicht doch, nicht doch.

Marinelli *(sie bei der Hand nicht unsanft ergreifend)*. Erlauben Sie, daß ich meine Schuldigkeit beobachte. –

Orsina. Nur gemach! – Ich erlasse Sie deren, mein Herr! Daß doch immer Ihresgleichen Höflichkeit zur Schuldigkeit machen, um, was eigentlich ihre Schuldigkeit wäre, als die Nebensache betreiben zu dürfen! – Diesen würdigen Mann je eher, je lieber zu melden, das ist Ihre Schuldigkeit.

Marinelli. Vergessen Sie, was Ihnen der Prinz selbst befohlen?

Orsina. Er komme und befehle mir es noch einmal. Ich erwarte ihn.

Marinelli *(leise zu dem Obersten, den er beiseite ziehet)*. Mein Herr, ich muß Sie hier mit einer Dame lassen, die – der – mit deren Verstande – Sie verstehen mich. Ich sage Ihnen dieses, damit Sie wissen, was Sie auf ihre Reden zu geben haben – deren sie oft sehr seltsame führet. Am besten, Sie lassen sich mit ihr nicht ins Wort.

Odoardo. Recht wohl. – Eilen Sie nur, mein Herr.

Siebenter Auftritt

Die Gräfin Orsina. Odoardo Galotti.

Orsina *(nach einigem Stillschweigen, unter welchem sie den Obersten mit Mitleid betrachtet, so wie er sie mit einer flüchtigen Neugierde)*. Was er Ihnen auch da gesagt hat, unglücklicher Mann! –

Odoardo *(halb vor sich, halb gegen sie)*. Unglücklicher?

Orsina. Eine Wahrheit war es gewiß nicht – am wenigsten eine von denen, die auf Sie warten.

Odoardo. Auf mich warten? – Weiß ich nicht schon genug? – Madame! – Aber, reden Sie nur, reden Sie nur.

Orsina. Sie wissen nichts.

Odoardo. Nichts?

Orsina. Guter, lieber Vater! – Was gäbe ich darum, wenn Sie auch mein Vater wären! – Verzeihen Sie! Die Unglücklichen ketten sich so gern aneinander. – Ich wollte treulich Schmerz und Wut mit Ihnen teilen.

Odoardo. Schmerz und Wut? Madame! – Aber ich vergesse – Reden Sie nur.

Orsina. Wenn es gar Ihre einzige Tochter – Ihr einziges Kind wäre! – Zwar einzig oder nicht. Das unglückliche Kind ist immer das einzige.

Odoardo. Das unglückliche? – Madame! – Was will ich von ihr? – Doch, bei Gott, so spricht keine Wahnwitzige!

Orsina. Wahnwitzige? Das war es also, was er Ihnen von mir vertraute? – Nun, nun, es mag leicht keine von seinen gröbsten Lügen sein. – Ich fühle so was! – Und glauben Sie, glauben Sie mir: Wer über gewisse Dinge den Verstand nicht verlieret, der hat keinen zu verlieren. –

Odoardo. Was soll ich denken?

Orsina. Daß Sie mich also ja nicht verachten! – Denn auch Sie haben Verstand, guter Alter, auch Sie. – Ich seh es an dieser entschlossenen, ehrwürdigen Miene. Auch Sie haben Verstand; und es kostet mich ein Wort – so haben Sie keinen.

Odoardo. Madame! – Madame! – Ich habe schon keinen mehr, noch ehe Sie mir dieses Wort sagen, wenn Sie mir es nicht bald sagen. – Sagen Sie es! sagen Sie es! Oder es ist nicht wahr – es ist nicht wahr, daß Sie von jener guten, unsers Mitleids, unserer Hochachtung so würdigen Gattung der Wahnwitzigen sind – Sie sind eine gemeine Törin. Sie haben nicht, was Sie nie hatten.

Orsina. So merken Sie auf! – Was wissen Sie, der Sie schon genug wissen wollen? Daß Appiani verwundet worden? Nur verwundet? – Appiani ist tot!

Odoardo. Tot? tot? – Ha, Frau, das ist wider die Abrede. Sie wollten mich um den Verstand bringen: und Sie brechen mir das Herz.

Orsina. Das beiher! – Nur weiter. – Der Bräutigam ist tot, und die Braut – Ihre Tochter – schlimmer als tot.

Odoardo. Schlimmer? schlimmer als tot? – Aber doch zugleich auch tot? – Denn ich kenne nur ein Schlimmeres –

Orsina. Nicht zugleich auch tot. Nein, guter Vater, nein! – Sie lebt, sie lebt. Sie wird nun erst recht anfangen zu leben. – Ein Leben voll Wonne! Das schönste, lustigste Schlaraffenleben – solang es dauert.

Odoardo. Das Wort, Madame, das einzige Wort, das mich um den Verstand bringen soll! heraus damit! – Schütten Sie nicht Ihren Tropfen Gift in einen Eimer. – Das einzige Wort! geschwind.

Orsina. Nun da, buchstabieren Sie es zusammen! – Des Morgens sprach der Prinz Ihre Tochter in der Messe, des Nachmittags hat er sie auf seinem Lust- – Lustschlosse.

Odoardo. Sprach sie in der Messe? Der Prinz meine Tochter?

Orsina. Mit einer Vertraulichkeit! mit einer Inbrunst! – Sie hatten nichts Kleines abzureden. Und recht gut, wenn es abgeredet worden, recht gut, wenn Ihre Tochter freiwillig sich hierher gerettet! Sehen Sie: so ist es doch keine gewaltsame Entführung, sondern bloß ein kleiner – kleiner Meuchelmord.

Odoardo. Verleumdung! verdammte Verleumdung! Ich kenne meine Tochter. Ist es Meuchelmord, so ist es auch Entführung.

– *(Blickt wild um sich und stampft und schäumet.)* Nun, Claudia? Nun, Mütterchen? – Haben wir nicht Freude erlebt! O des gnädigen Prinzen! O der ganz besondern Ehre!

Orsina. Wirkt es, Alter! wirkt es?

Odoardo. Da steh ich nun vor der Höhle des Räubers – *(indem er den Rock von beiden Seiten auseinanderschlägt und sich ohne Gewehr sieht.)* Wunder, daß ich aus Eilfertigkeit nicht auch die Hände zurückgelassen! – *(An alle Schubsäcke fühlend, als etwas suchend.)* Nichts! gar nichts! nirgends!

Orsina. Ha, ich verstehe! – Damit kann ich aushelfen! – Ich hab einen mitgebracht. *(Einen Dolch hervorziehend.)* Da nehmen Sie! Nehmen Sie geschwind, eh' uns jemand sieht! – Auch hätte ich noch etwas – Gift. Aber Gift ist nur für uns Weiber, nicht für Männer. – Nehmen Sie ihn! *(Ihm den Dolch aufdrängend.)* Nehmen Sie!

Odoardo. Ich danke, ich danke. – Liebes Kind, wer wieder sagt, daß du eine Närrin bist, der hat es mit mir zu tun.

Orsina. Stecken Sie beiseite! geschwind beiseite! – Mir – wird die Gelegenheit versagt, Gebrauch davon zu machen. Ihnen wird sie nicht fehlen, diese Gelegenheit, und Sie werden sie ergreifen, die erste, die beste – wenn Sie ein Mann sind. – Ich, ich bin nur ein Weib, aber so kam ich her! fest entschlossen! – Wir, Alter, wir können uns alles vertrauen. Denn wir sind beide beleidiget, von dem nämlichen Verführer beleidiget. – Ah, wenn Sie wüßten – wenn sie wüßten, wie überschwenglich, wie unaussprechlich, wie unbegreiflich ich von ihm beleidiget worden und noch werde – Sie könnten, Sie würden Ihre eigene Beleidigung darüber vergessen. – Kennen Sie mich? Ich bin Orsina, die betrogene, verlassene Orsina. – Zwar vielleicht nur um Ihre Tochter verlassen. – Doch was kann

Ihre Tochter dafür? – Bald wird auch sie verlassen sein. – Und dann wieder eine! – Und wieder eine! – Ha! *(wie in der Entzückung)* welch eine himmlische Phantasie! Wann wir einmal alle – wir, das ganze Heer der Verlassenen – wir alle in Bacchantinnen, in Furien verwandelt, wenn wir alle ihn unter uns hätten, ihn unter uns zerrissen, zerfleischten, sein Eingeweide durchwühlten – um das Herz zu finden, das der Verräter einer jeden versprach und keiner gab! Ha! das sollte ein Tanz werden! das sollte!

Achter Auftritt

Claudia Galotti. Die Vorigen.

Claudia *(die im Hereintreten sich umsiehet und, sobald sie ihren Gemahl erblickt, auf ihn zuflieget)*. Erraten! – Ah, unser Beschützer, unser Retter! Bist du da, Odoardo? Bist du da? – Aus ihren Wispern, aus ihren Mienen schloß ich es. – Was soll ich dir sagen, wenn du noch nichts weißt? – Was soll ich dir sagen, wenn du schon alles weißt? – Aber wir sind unschuldig. Ich bin unschuldig. Deine Tochter ist unschuldig. Unschuldig, in allem unschuldig!

Odoardo *(der sich bei Erblickung seiner Gemahlin zu fassen gesucht)*. Gut, gut. Sei nur ruhig, nur ruhig – und antworte mir. *(Gegen die Orsina.)* Nicht, Madame, als ob ich noch zweifelte – Ist der Graf tot?

Claudia. Tot.

Odoardo. Ist es wahr, daß der Prinz heute morgen Emilien in der Messe gesprochen?

Claudia. Wahr. Aber wenn du wüßtest, welchen Schreck es ihr verursacht, in welcher Bestürzung sie nach Hause kam –

Orsina. Nun, hab ich gelogen?

Odoardo *(mit einem bittern Lachen)*. Ich wollt' auch nicht, Sie hätten! Um wie vieles nicht!

Orsina. Bin ich wahnwitzig?

Odoardo *(wild hin und her gehend)*. Oh – noch bin ich es auch nicht. –

Claudia. Du gebotest mir ruhig zu sein, und ich bin ruhig. – Bester Mann, darf auch ich – ich dich bitten –

Odoardo. Was willst du? Bin ich nicht ruhig? Kann man ruhiger sein, als ich bin? *(Sich zwingend.)* Weiß es Emilia, daß Appiani tot ist?

Claudia. Wissen kann sie es nicht. Aber ich fürchte, daß sie es argwohnet, weil er nicht erscheinet. –

Odoardo. Und sie jammert und winselt. –

Claudia. Nicht mehr. – Das ist vorbei: nach ihrer Art, die du kennest. Sie ist die Furchtsamstc und Entschlossenste unsers Geschlechts. Ihrer ersten Eindrücke nie mächtig, aber nach der geringsten Überlegung in alles sich findend, auf alles gefaßt. Sie hält den Prinzen in einer Entfernung, sie spricht mit ihm in einem Tone – Mache nur, Odoardo, daß wir wegkommen.

Odoardo. Ich bin zu Pferde. – Was zu tun? – Doch, Madame, Sie fahren ja nach der Stadt zurück?

Orsina. Nicht anders.

Odoardo. Hätten Sie wohl die Gewogenheit, meine Frau mit sich zu nehmen?

Orsina. Warum nicht? Sehr gern.

Odoardo. Claudia – *(ihr die Gräfin bekannt machend)* die Gräfin Orsina, eine Dame von großem Verstande, meine Freundin, meine Wohltäterin. – Du mußt mit ihr herein, um uns sogleich den Wagen herauszuschicken. Emilia darf nicht wieder nach Guastalla. Sie soll mit mir.

Claudia. Aber – wenn nur – Ich trenne mich ungern von dem Kinde.

Odoardo. Bleibt der Vater nicht in der Nähe? Man wird ihn endlich doch vorlassen. Keine Einwendung! – Kommen Sie, gnädige Frau. *(Leise zu ihr.)* Sie werden von mir hören. – Komm, Claudia. *(Er führt sie ab.)*

Fünfter Aufzug

Die Szene bleibt.

Erster Auftritt

Marinelli. Der Prinz.

Marinelli. Hier, gnädiger Herr, aus diesem Fenster können Sie ihn sehen. Er geht die Arkade auf und nieder. – Eben biegt er ein, er kömmt. – Nein, er kehrt wieder um. – Ganz einig ist er mit sich noch nicht. Aber um ein Großes ruhiger ist er – oder scheinet er. Für uns gleichviel! – Natürlich! Was ihm auch beide Weiber in den Kopf gesetzt haben, wird er es wagen zu äußern? – Wie Battista gehört, soll ihm seine Frau den Wagen sogleich heraussenden. Denn er kam zu Pferde. – Geben Sie acht, wenn er nun vor Ihnen erscheinet, wird er ganz untertänigst Eurer Durchlaucht für den gnädigen Schutz danken, den seine Familie bei diesem so traurigen Zufalle hier gefunden; wird sich, mitsamt seiner Tochter, zu fernerer Gnade empfehlen; wird sie ruhig nach der Stadt bringen und es in tiefster Unterwerfung erwarten, welchen weitern Anteil Euer Durchlaucht an seinem unglücklichen, lieben Mädchen zu nehmen geruhen wollen.

Der Prinz. Wenn er nun aber so zahm nicht ist? Und schwerlich, schwerlich wird er es sein. Ich kenne ihn zu gut. – Wenn er höchstens seinen Argwohn erstickt, seine Wut verbeißt: aber Emilien, anstatt sie nach der Stadt zu führen, mit sich nimmt? bei sich behält? oder wohl gar in ein Kloster, außer meinem Gebiete, verschließt? Wie dann?

Marinelli. Die fürchtende Liebe sieht weit. Wahrlich! – Aber er wird ja nicht –

Der Prinz. Wenn er nun aber! Wie dann? Was wird es uns dann helfen, daß der unglückliche Graf sein Leben darüber verloren?

Marinelli. Wozu dieser traurige Seitenblick? Vorwärts! denkt der Sieger, es falle neben ihm Feind oder Freund. – Und wenn auch! Wenn er es auch wollte, der alte Neidhart, was Sie von ihm fürchten, Prinz. – *(Überlegend.)* Das geht! Ich hab es! – Weiter als zum Wollen soll er es gewiß nicht bringen. Gewiß nicht! – Aber daß wir ihn nicht aus dem Gesichte verlieren. – *(Tritt wieder ans Fenster.)* Bald hätt' er uns überrascht! Er kömmt. – Lassen Sie uns ihm noch ausweichen, und hören Sie erst, Prinz, was wir auf den zu befürchtenden Fall tun müssen.

Der Prinz *(drohend)*. Nur, Marinelli! –

Marinelli. Das Unschuldigste von der Welt!

Zweiter Auftritt

Odoardo Galotti. Noch niemand hier? – Gut, ich soll noch kälter werden. Es ist mein Glück. – Nichts verächtlicher als ein brausender Jünglingskopf mit grauen Haaren! Ich hab es mir so oft gesagt. Und doch ließ ich mich fortreißen: und von wem? Von einer Eifersüchtigen, von einer für Eifersucht Wahnwitzigen. – Was hat die gekränkte Tugend mit der Rache des Lasters zu schaffen? Jene allein hab ich zu retten. – Und deine Sache – mein Sohn! mein Sohn! – Weinen konnt' ich nie – und will es nun nicht erst lernen – Deine Sache wird ein ganz anderer zu seiner machen! Genug für mich, wenn dein Mörder die Frucht seines Verbrechens nicht genießt. – Dies martere ihn mehr als das Verbrechen! Wenn nun bald ihn Sättigung und Ekel von Lüsten zu Lüsten treiben, so vergälle die Erinnerung, diese eine Lust nicht gebüßet zu haben, ihm den Genuß aller! In jedem Traume führe der blutige Bräutigam ihm die Braut vor das Bette, und wann er dennoch den wollüstigen Arm nach ihr ausstreckt, so höre er plötzlich das Hohngelächter der Hölle und erwache!

Dritter Auftritt

Marinelli. Odoardo Galotti.

Marinelli. Wo blieben Sie, mein Herr? wo blieben Sie?

Odoardo. War meine Tochter hier?

Marinelli. Nicht sie, aber der Prinz.

Odoardo. Er verzeihe. – Ich habe die Gräfin begleitet.

Marinelli. Nun?

Odoardo. Die gute Dame!

Marinelli. Und Ihre Gemahlin?

Odoardo. Ist mit der Gräfin – um uns den Wagen sogleich herauszusenden. Der Prinz vergönne nur, daß ich mich so lange mit meiner Tochter noch hier verweile.

Marinelli. Wozu diese Umstände? Würde sich der Prinz nicht ein Vergnügen daraus gemacht haben, sie beide, Mutter und Tochter, selbst nach der Stadt zu bringen?

Odoardo. Die Tochter wenigstens würde diese Ehre haben verbitten müssen.

Marinelli. Wieso?

Odoardo. Sie soll nicht mehr nach Guastalla.

Marinelli. Nicht? und warum nicht?

Odoardo. Der Graf ist tot.

Marinelli. Um so viel mehr –

Odoardo. Sie soll mit mir.

Marinelli. Mit Ihnen?

Odoardo. Mit mir. Ich sage Ihnen ja, der Graf ist tot. – Wenn Sie es noch nicht wissen – Was hat sie nun weiter in Guastalla zu tun? – Sie soll mit mir.

Marinelli. Allerdings wird der künftige Aufenthalt der Tochter einzig von dem Willen des Vaters abhangen. Nur vors erste –

Odoardo. Was vors erste?

Marinelli. Werden Sie wohl erlauben müssen, Herr Oberster, daß sie nach Guastalla gebracht wird.

Odoardo. Meine Tochter? nach Guastalla gebracht wird? und warum?

Marinelli. Warum? Erwägen Sie doch nur –

Odoardo *(hitzig)*. Erwägen! erwägen! Ich erwäge, daß hier nichts zu erwägen ist. – Sie soll, sie muß mit mir.

Marinelli. O mein Herr – was brauchen wir uns hierüber zu ereifern? Es kann sein, daß ich mich irre, daß es nicht nötig ist, was ich für nötig halte. – Der Prinz wird es am besten zu beurteilen wissen. Der Prinz entscheide. – Ich geh und hole ihn.

Vierter Auftritt

Odoardo Galotti. Wie? – Nimmermehr! – Mir vorschreiben, wo sie hin soll? – Mir sie vorenthalten? – Wer will das? Wer darf das? – Der hier alles darf, was er will? Gut, gut, so soll er sehen, wieviel auch ich darf, ob ich es schon nicht dürfte! Kurzsichtiger Wüterich! Mit dir will ich es wohl aufnehmen. Wer kein Gesetz achtet, ist ebenso mächtig, als wer kein Gesetz hat. Das weißt du nicht? Komm an! komm an! – – Aber, sieh da! Schon wieder, schon wieder rennet der Zorn mit dem Verstande davon. – Was will ich? Erst müßt' es doch geschehen sein, worüber ich tobe. Was plaudert nicht eine Hofschranze! Und hätte ich ihn doch nur plaudern lassen! Hätte ich seinen Vorwand, warum sie wieder nach Guastalla soll, doch nur angehört! – So könnte ich mich itzt auf eine Antwort gefaßt machen. – Zwar auf welchen kann mir eine fehlen? – Sollte sie mir aber fehlen, sollte sie – Man kömmt. Ruhig, alter Knabe, ruhig!

Fünfter Auftritt

Der Prinz. Marinelli. Odoardo Galotti.

Der Prinz. Ah, mein lieber, rechtschaffner Galotti – so etwas muß auch geschehen, wenn ich Sie bei mir sehen soll. Um ein Geringeres tun Sie es nicht. Doch keine Vorwürfe!

Odoardo. Gnädiger Herr, ich halte es in allen Fällen für unanständig, sich zu seinem Fürsten zu drängen. Wen er kennt, den wird er fodern lassen, wenn er seiner bedarf. Selbst itzt bitte ich um Verzeihung –

Der Prinz. Wie manchem andern wollte ich diese stolze Bescheidenheit wünschen! – Doch zur Sache. Sie werden begierig sein, Ihre Tochter zu sehen. Sie ist in neuer Unruhe wegen der plötzlichen Entfernung einer so zärtlichen Mutter. – Wozu auch diese Entfernung? Ich wartete nur, daß die liebenswürdige Emilie sich völlig erholet hätte, um beide im Triumphe nach der Stadt zu bringen. Sie haben mir diesen Triumph um die Hälfte verkümmert, aber ganz werde ich mir ihn nicht nehmen lassen.

Odoardo. Zu viel Gnade! – Erlauben Sie, Prinz, daß ich meinem unglücklichen Kinde alle die mannigfaltigen Kränkungen erspare, die Freund und Feind, Mitleid und Schadenfreude in Guastalla für sie bereit halten.

Der Prinz. Um die süßen Kränkungen des Freundes und des Mitleids, würde es Grausamkeit sein, sie zu bringen. Daß aber die Kränkungen des Feindes und der Schadenfreude sie nicht erreichen sollen, dafür, lieber Galotti, lassen Sie mich sorgen.

Odoardo. Prinz, die väterliche Liebe teilet ihre Sorgen nicht gern. – Ich denke, ich weiß es, was meiner Tochter in ihren itzigen Umständen einzig ziemet – Entfernung aus der Welt – ein Kloster – sobald als möglich.

Der Prinz. Ein Kloster?

Odoardo. Bis dahin weine sie unter den Augen ihres Vaters.

Der Prinz. So viel Schönheit soll in einem Kloster verblühen? – Darf eine einzige fehlgeschlagene Hoffnung uns gegen die Welt so unversöhnlich machen? – Doch allerdings: dem Vater hat niemand einzureden. Bringen Sie Ihre Tochter, Galotti, wohin Sie wollen.

Odoardo *(gegen Marinelli)*. Nun, mein Herr?

Marinelli. Wenn Sie mich sogar auffodern!

Odoardo. O mitnichten, mitnichten.

Der Prinz. Was haben Sie beide?

Odoardo. Nichts, gnädiger Herr, nichts. – Wir erwägen bloß, welcher von uns sich in Ihnen geirret hat.

Der Prinz. Wieso? – Reden Sie, Marinelli.

Marinelli. Es geht mir nahe, der Gnade meines Fürsten in den Weg zu treten. Doch wenn die Freundschaft gebietet, vor allem in ihm den Richter aufzufodern –

Der Prinz. Welche Freundschaft? –

Marinelli. Sie wissen, gnädiger Herr, wie sehr ich den Grafen Appiani liebte, wie sehr unser beider Seelen ineinander verwebt schienen –

Odoardo. Das wissen Sie, Prinz? So wissen Sie es wahrlich allein.

Marinelli. Von ihm selbst zu seinem Rächer bestellet –

Odoardo. Sie?

Marinelli. Fragen Sie nur Ihre Gemahlin. Marinelli, der Name Marinelli war das letzte Wort des sterbenden Grafen, und in einem Tone! in einem Tone! – Daß er mir nie aus dem Gehöre komme, dieser schreckliche Ton, wenn ich nicht alles anwende, daß seine Mörder entdeckt und bestraft werden!

Der Prinz. Rechnen Sie auf meine kräftigste Mitwirkung.

Odoardo. Und meine heißesten Wünsche! – Gut, gut! – Aber was weiter?

Der Prinz. Das frag ich, Marinelli.

Marinelli. Man hat Verdacht, daß es nicht Räuber gewesen, welche den Grafen angefallen.

Odoardo *(höhnisch)*. Nicht? Wirklich nicht?

Marinelli. Daß ein Nebenbuhler ihn aus dem Wege räumen lassen.

Odoardo *(bitter)*. Ei! Ein Nebenbuhler?

Marinelli. Nicht anders.

Odoardo. Nun dann – Gott verdamm' ihn, den meuchelmörderischen Buben!

Marinelli. Ein Nebenbuhler, und ein begünstigter Nebenbuhler –

Odoardo. Was? ein begünstigter? – Was sagen Sie?

Marinelli. Nichts, als was das Gerüchte verbreitet.

Odoardo. Ein begünstigter? von meiner Tochter begünstiget?

Marinelli. Das ist gewiß nicht. Das kann nicht sein. Dem widersprech ich, trotz Ihnen. – Aber bei dem allen, gnädiger Herr – denn das gegründetste Vorurteil wieget auf der Waage der Gerechtigkeit soviel als nichts – bei dem allen wird man doch nicht umhin können, die schöne Unglückliche darüber zu vernehmen.

Der Prinz. Jawohl, allerdings.

Marinelli. Und wo anders? wo kann das anders geschehen als in Guastalla?

Der Prinz. Da haben Sie recht, Marinelli, da haben Sie recht. – Ja so, das verändert die Sache, lieber Galotti. Nicht wahr? Sie sehen selbst –

Odoardo. O ja, ich sehe – Ich sehe, was ich sehe. – Gott! Gott!

Der Prinz. Was ist Ihnen? was haben Sie mit sich?

Odoardo. Daß ich es nicht vorausgesehen, was ich da sehe. Das ärgert mich, weiter nichts. – Nun ja, sie soll wieder nach Guastalla. Ich will sie wieder zu ihrer Mutter bringen, und bis die strengste Untersuchung sie freigesprochen, will ich selbst aus Guastalla nicht weichen. Denn wer weiß – *(mit einem bittern Lachen)* wer weiß, ob die Gerechtigkeit nicht auch nötig findet, mich zu vernehmen.

Marinelli. Sehr möglich! In solchen Fällen tut die Gerechtigkeit lieber zuviel als zuwenig. – Daher fürchte ich sogar –

Der Prinz. Was? was fürchten Sie?

Marinelli. Man werde vor der Hand nicht verstatten können, daß Mutter und Tochter sich sprechen.

Odoardo. Sich nicht sprechen?

Marinelli. Man werde genötiget sein, Mutter und Tochter zu trennen.

Odoardo. Mutter und Tochter zu trennen?

Marinelli. Mutter und Tochter und Vater. Die Form des Verhörs erfodert diese Vorsichtigkeit schlechterdings. Und es tut mir leid, gnädiger Herr, daß ich mich gezwungen sehe, ausdrücklich darauf anzutragen, wenigstens Emilien in eine besondere Verwahrung zu bringen.

Odoardo. Besondere Verwahrung? – Prinz! Prinz! – Doch ja, freilich, freilich! Ganz recht: in eine besondere Verwahrung! Nicht,

Prinz? nicht? – O wie fein die Gerechtigkeit ist! Vortrefflich! *(Fährt schnell nach dem Schubsacke, in welchem er den Dolch hat.)*

Der Prinz *(schmeichelhaft auf ihn zutretend)*. Fassen Sie sich, lieber Galotti –

Odoardo *(beiseite, indem er die Hand leer wieder herauszieht)*. Das sprach sein Engel!

Der Prinz. Sie sind irrig, Sie verstehen ihn nicht. Sie denken bei dem Worte Verwahrung wohl gar an Gefängnis und Kerker.

Odoardo. Lassen Sie mich daran denken: und ich bin ruhig!

Der Prinz. Kein Wort von Gefängnis, Marinelli! Hier ist die Strenge der Gesetze mit der Achtung gegen unbescholtene Tugend leicht zu vereinigen. Wenn Emilia in besondere Verwahrung gebracht werden muß, so weiß ich schon – die alleranständigste. Das Haus meines Kanzlers – Keinen Widerspruch, Marinelli! – Da will ich sie selbst hinbringen, da will ich sie der Aufsicht einer der würdigsten Damen übergeben. Die soll mir für sie bürgen, haften. – Sie gehen zu weit, Marinelli, wirklich zu weit, wenn Sie mehr verlangen. – Sie kennen doch, Galotti, meinen Kanzler Grimaldi und seine Gemahlin?

Odoardo. Was sollt' ich nicht? Sogar die liebenswürdigen Töchter dieses edeln Paares kenn ich. Wer kennt sie nicht? – *(Zu Marinelli.)* Nein, mein Herr, geben Sie das nicht zu. Wenn Emilia verwahrt werden muß, so müsse sie in dem tiefsten Kerker verwahret werden. Dringen Sie darauf, ich bitte Sie. – Ich Tor, mit meiner Bitte! ich alter Geck! – Jawohl hat sie recht die gute Sibylle: „Wer über gewisse Dinge seinen Verstand nicht verlieret, der hat keinen zu verlieren!"

Der Prinz. Ich verstehe Sie nicht. – Lieber Galotti, was kann ich mehr tun? – Lassen Sie es dabei, ich bitte Sie. – Ja, ja, in das Haus meines Kanzlers! da soll sie hin; da bring ich sie selbst hin; und wenn ihr da nicht mit der äußersten Achtung begegnet wird, so hat mein Wort nichts gegolten. Aber sorgen Sie nicht. – Dabei bleibt es! dabei bleibt es! – Sie selbst, Galotti, mit sich, können es halten, wie Sie wollen. – Sie können uns nach Guastalla folgen, Sie können nach Sabionetta zurückkehren: wie Sie wollen. Es wäre lächerlich, Ihnen vorzuschreiben. – Und nun, auf Wiedersehen, lieber Galotti! – Kommen Sie, Marinelli, es wird spät.

Odoardo *(der in tiefen Gedanken gestanden)*. Wie? so soll ich sie gar nicht sprechen, meine Tochter? Auch hier nicht? – Ich lasse mir ja alles gefallen, ich finde ja alles ganz vortrefflich. Das Haus eines Kanzlers ist natürlicherweise eine Freistatt der Tugend. Oh, gnädiger Herr, bringen Sie ja meine Tochter dahin, nirgends anders als dahin. – Aber sprechen wollt' ich sie doch gerne vorher. Der Tod des Grafen ist ihr noch unbekannt. Sie wird nicht begreifen können, warum man sie von ihren Eltern trennet. Ihr jenen auf gute Art beizubringen, sie dieser Trennung wegen zu beruhigen – muß ich sie sprechen, gnädiger Herr, muß ich sie sprechen.

Der Prinz. So kommen Sie denn –

Odoardo. Oh, die Tochter kann auch wohl zu dem Vater kommen. – Hier, unter vier Augen, bin ich gleich mit ihr fertig. Senden Sie mir sie nur, gnädiger Herr.

Der Prinz. Auch das! – O Galotti, wenn Sie mein Freund, mein Führer, mein Vater sein wollten! *(Der Prinz und Marinelli geben ab.)*

Sechster Auftritt

Odoardo Galotti *(ihm nachsehend, nach einer Pause).* Warum nicht? – Herzlich gern. – Ha! ha! ha! – *(Blickt wild umher.)* Wer lacht da? – Bei Gott, ich glaub, ich war es selbst. – Schon recht! Lustig, lustig! Das Spiel geht zu Ende. So oder so! – Aber – *(Pause)* wenn sie mit ihm sich verstünde? Wenn es das alltägliche Possenspiel wäre? Wenn sie es nicht wert wäre, was ich für sie tun will? – *(Pause.)* Für sie tun will? Was will ich denn für sie tun? – Hab ich das Herz, es mir zu sagen? – Da denk ich so was: So was, was sich nur denken läßt. – Gräßlich! Fort, fort! Ich will sie nicht erwarten. Nein! – *(Gegen den Himmel.)* Wer sie unschuldig in diesen Abgrund gestürzt hat, der ziehe sie wieder heraus. Was braucht er meine Hand dazu? Fort! *(Er will gehen und sieht Emilien kommen.)* Zu spät! Ah! er will meine Hand, er will sie!

Siebenter Auftritt

Emilia. Odoardo.

Emilia. Wie? Sie hier, mein Vater? – Und nur Sie? – Und meine Mutter? nicht hier? – Und der Graf? nicht hier? – Und Sie so unruhig, mein Vater?

Odoardo. Und du so ruhig, meine Tochter? –

Emilia. Warum nicht, mein Vater? – Entweder ist nichts verloren: oder alles. Ruhig sein können und ruhig sein müssen: kömmt es nicht auf eines?

Odoardo. Aber, was meinest du, daß der Fall ist?

Emilia. Daß alles verloren ist – und daß wir wohl ruhig sein müssen, mein Vater.

Odoardo. Und du wärest ruhig, weil du ruhig sein mußt? – Wer bist du? Ein Mädchen? und meine Tochter? So sollte der Mann und der Vater sich wohl vor dir schämen? – Aber laß doch hören. was nennest du, alles verloren? – Daß der Graf tot ist?

Emilia. Und warum er tot ist! Warum! Ha, so ist es wahr, mein Vater? So ist sie wahr, die ganze schreckliche Geschichte, die ich in dem nassen und wilden Auge meiner Mutter las? – Wo ist meine Mutter? Wo ist sie hin, mein Vater?

Odoardo. Voraus – wenn wir anders ihr nachkommen.

Emilia. Je eher, je besser. Denn wenn der Graf tot ist, wenn er darum tot ist – darum! was verweilen wir noch hier? Lassen Sie uns fliehen, mein Vater!

Odoardo. Fliehen? – Was hätt' es dann für Not? – Du bist, du bleibst in den Händen deines Räubers.

Emilia. Ich bleibe in seinen Händen?

Odoardo. Und allein, ohne deine Mutter, ohne mich.

Emilia. Ich allein in seinen Händen? – Nimmermehr, mein Vater. – Oder Sie sind nicht mein Vater. – Ich allein in seinen Händen? – Gut, lassen Sie mich nur, lassen Sie mich nur. – Ich will doch sehn, wer mich hält – wer mich zwingt – wer der Mensch ist, der einen Menschen zwingen kann.

Odoardo. Ich meine, du bist ruhig, mein Kind.

Emilia. Das bin ich. Aber was nennen Sie ruhig sein? Die Hände in den Schoß legen? Leiden, was man nicht sollte? Dulden, was man nicht dürfte?

Odoardo. Ha! wenn du so denkest! – Laß dich umarmen, meine Tochter! – Ich hab es immer gesagt: das Weib wollte die Natur zu ihrem Meisterstücke machen. Aber sie vergriff sich im Tone, sie nahm ihn zu fein. Sonst ist alles besser an euch als an uns. – Ha, wenn das deine Ruhe ist, so habe ich meine in ihr wiedergefunden! Laß dich umarmen, meine Tochter! – Denke nur: unter dem Vorwande einer gerichtlichen Untersuchung – o des höllischen Gaukelspieles! – reißt er dich aus unsern Armen und bringt dich zur Grimaldi.

Emilia. Reißt mich? bringt mich? – Will mich reißen, will mich bringen: will! will! – Als ob wir, wir keinen Willen hätten, mein Vater!

Odoardo. Ich ward auch so wütend, daß ich schon nach diesem Dolche griff *(ihn herausziehend)*, um einem von beiden – beiden! – das Herz zu durchstoßen. **Emilia.** Um des Himmels willen nicht, mein Vater! – Dieses Leben ist alles, was die Lasterhaften haben. – Mir, mein Vater, mir geben Sie diesen Dolch.

Odoardo. Kind, es ist keine Haarnadel.

Emilia. So werde die Haarnadel zum Dolche! – Gleichviel.

Odoardo. Was? Dahin wäre es gekommen? Nicht doch; nicht doch! Besinne dich. – Auch du hast nur ein Leben zu verlieren.

Emilia. Und nur eine Unschuld!

Odoardo. Die über alle Gewalt erhaben ist. –

Emilia. Aber nicht über alle Verführung. – Gewalt! Gewalt! wer kann der Gewalt nicht trotzen? Was Gewalt heißt, ist nichts: Verführung ist die wahre Gewalt. – Ich habe Blut, mein Vater, so jugendliches, so warmes Blut als eine. Auch meine Sinne sind Sinne. Ich stehe für nichts. Ich bin für nichts gut. Ich kenne das Haus der Grimaldi. Es ist das Haus der Freude. Eine Stunde da, unter den Augen meiner Mutter – und es erhob sich so mancher

Tumult in meiner Seele, den die strengsten Übungen der Religion kaum in Wochen besänftigen konnten! – Der Religion! Und welcher Religion? – Nichts Schlimmers zu vermeiden, sprangen Tausende in die Fluten und sind Heilige! – Geben Sie mir, mein Vater, geben Sie mir diesen Dolch.

Odoardo. Und wenn du ihn kenntest, diesen Dolch! –

Emilia. Wenn ich ihn auch nicht kenne! – Ein unbekannter Freund ist auch ein Freund. – Geben Sie mir ihn, mein Vater, geben Sie mir ihn.

Odoardo. Wenn ich dir ihn nun gebe – da! *(Gibt ihr ihn.)*

Emilia. Und da! *(Im Begriffe, sich damit zu durchstoßen, reißt der Vater ihr ihn wieder aus der Hand.)*

Odoardo. Sieh, wie rasch! – Nein, das ist nicht für deine Hand.

Emilia. Es ist wahr, mit einer Haarnadel soll ich – *(Sie fährt mit der Hand nach dem Haare, eine zu suchen, und bekommt die Rose zu fassen.)* Du noch hier? – Herunter mit dir! Du gehörest nicht in das Haar einer – wie mein Vater will, daß ich werden soll!

Odoardo. Oh, meine Tochter! –

Emilia. Oh, mein Vater, wenn ich Sie erriete! – Doch nein, das wollen Sie auch nicht. Warum zauderten Sie sonst? – *(In einem bittern Tone, während daß sie die Rose zerpflückt.)* Ehedem wohl gab es einen Vater, der seine Tochter von der Schande zu retten, ihr den ersten, den besten Stahl in das Herz senkte – ihr zum zweiten Male das Leben gab. Aber alle solche Taten sind von ehedem! Solcher Väter gibt es keinen mehr!

Odoardo. Doch, meine Tochter, doch! *(Indem er sie durchsticht.)* – Gott, was hab ich getan! *(Sie will sinken, und er faßt sie in seine Arme.)*

Emilia. Eine Rose gebrochen, ehe der Sturm sie entblättert. – Lassen Sie mich sie küssen, diese väterliche Hand.

Achter Auftritt

Der Prinz. Marinelli. Die Vorigen.

Der Prinz *(im Hereintreten).* Was ist das? – Ist Emilien nicht wohl?

Odoardo. Sehr wohl, sehr wohl!

Der Prinz *(indem er näher kömmt).* Was seh ich? – Entsetzen!

Marinelli. Weh mir!

Der Prinz. Grausamer Vater, was haben Sie getan!

Odoardo. Eine Rose gebrochen, ehe der Sturm sie entblättert. – War es nicht so, meine Tochter?

Emilia. Nicht Sie, mein Vater – Ich selbst – ich selbst –

Odoardo. Nicht du, meine Tochter – nicht du! – Gehe mit keiner Unwahrheit aus der Welt. Nicht du, meine Tochter! Dein Vater, dein unglücklicher Vater!

Emilia. Ah – mein Vater – *(Sie stirbt, und er legt sie sanft auf den Boden.)*

Odoardo. Zieh hin! – Nun da, Prinz! Gefällt sie Ihnen noch? Reizt sie noch Ihre Lüste? Noch, in diesem Blute, das wider Sie um Rache schreiet? *(Nach einer Pause.)* Aber Sie erwarten, wo das alles hinaus soll? Sie erwarten vielleicht, daß ich den Stahl wider mich selbst kehren werde, um meine Tat wie eine schale Tragödie zu beschließen? Sie irren sich. Hier! *(Indem er ihm den Dolch vor die Füße wirft.)* Hier liegt er, der blutige Zeuge meines Verbrechens! Ich gehe und liefere mich selbst in das Gefängnis. Ich gehe und erwarte Sie als Richter – Und dann dort – erwarte ich Sie vor dem Richter unser aller!

Der Prinz *(nach einigem Stillschweigen, unter welchem er den Körper mit Entsetzen und Verzweiflung betrachtet, zu Marinelli).* Hier! heb ihn auf. – Nun? Du bedenkst dich? – Elender! – *(Indem er ihm den Dolch aus der Hand reißt.)* Nein, dein Blut soll mit diesem Blute sich nicht mischen. – Geh, dich auf ewig zu verbergen! – Geh! sag ich. – Gott! Gott! – Ist es, zum Unglücke so mancher, nicht genug, daß Fürsten Menschen sind: müssen sich auch noch Teufel in ihren Freund verstellen?